月　日

1 1年の　ふくしゅう①

タイムアタック目標5分

かさを　右手に（　　）　もつ。

雨が（　　）　ふって　きた。

③ 十円玉を（　　）　つかう。

④ イギリスの　王さま（　　）。

⑤ 花火まつり（　　）に　行《い》く。

書こう

① きれいな　□《かい》がら。

② □□《がっこう》は　楽《たの》しい。

③ □□《あおぞら》が　広《ひろ》がる。

④ □《むし》を　つかまえる。

⑤ ていねいに　□《じ》を　書《か》こう。

⑥ □《たけ》とんぼで　あそぶ。

□もん 正かい！ まん点《てん》になるまでおさらいしよう！

答えは
119ページ

月　日

1　1年の　ふくしゅう ①

タイムアタック 目標 5分
分　秒

★　つぎの　計算《けいさん》を　しましょう。

❶ 3+2=□　　❷ 5+1=□

❸ 8+2=□　　❹ 2+5=□

❺ 2+6=□　　❻ 1+8=□

❼ 4+0=□　　❽ 4+4=□

❾ 6+3=□　　❿ 3+7=□

⓫ 4+3=□　　⓬ 0+8=□

⓭ 5+4=□　　⓮ 4+6=□

□ もん 正かい！ まん点《てん》になるまでおさらいしよう！

答えは
119ページ

2 1年の ふくしゅう②

タイムアタック 目標5分
分　秒

読もう

❶ 夕日が きれいだ。

❷ 天気よほうを 見る。

❸ 今日《きょう》は 八月六日です。

❹ お父《とう》さんの 車。

❺ 先生の 話《はなし》を 聞《き》く。

書こう

❶ 元《げん》□《き》が □《で》る。

❷ □《むら》に すむ おじいさん。

❸ □《みみ》を すませる。

❹ □《き》のぼりが できる。

❺ しせいを □《ただ》す。

❻ □《おとこ》の □《こ》と 友《とも》だちに なる。

□もん 正かい！ まん点《てん》になるまでおさらいしよう！

答えは119ページ

2　1年の　ふくしゅう ②

タイムアタック目標 5分
分　秒

★ つぎの　計算《けいさん》を　しましょう。

❶ $5-2=$

❷ $4-3=$

❸ $6-1=$

❹ $8-2=$

❺ $7-3=$

❻ $9-7=$

❼ $10-9=$

❽ $6-0=$

❾ $4-4=$

❿ $10-7=$

⓫ $8-3=$

⓬ $9-8=$

⓭ $9-6=$

⓮ $10-2=$

もん 正かい！ まん点《てん》になるまでおさらいしよう！

答えは
119ページ

3 1年の ふくしゅう③

タイムアタック 目標5分
分　秒

読もう

❶ 二年生に なる。（　　）

❷ 千人も いる。（　　）

❸ 早おきを する。（　　）

❹ ケーキが 四つ ある。（　　）

❺ 二かいに 上がる。（　　）（　　）

書こう

❶ きれいな □《いし》を ひろう。

❷ □《いぬ》を □《さん》びき かう。

❸ □《やま》のぼりに □《で》かける。

❹ □《かわ》で 魚《さかな》を つる。

❺ 作《さく》□《ぶん》を 書《か》くのが とくいです。

❻ □《た》んぼを たがやす。

□ もん 正かい！ まん点《てん》になるまでおさらいしよう！

答えは119ページ

月　日

3　1年の　ふくしゅう ③

タイムアタック目標5分

分　秒

★ つぎの　計算《けいさん》を　しましょう。

❶ 3+2+4=

❷ 4+1+5=

❸ 7+3+8=

❹ 2+8+9=

❺ 9−5−2=

❻ 14−4−3=

❼ 8−3+4=

❽ 10−6+1=

❾ 4+6−3=

❿ 17−7+8=

⓫ 6−3+7=

⓬ 9+1−5=

⓭ 1+8−3=

⓮ 10−6+3=

もん 正かい！ まん点《てん》になるまでおさらいしよう！

答えは
119ページ

4　1年の　ふくしゅう ④

タイムアタック 目標5分
分　秒

読もう

❶ 草（　　）かりを　する。

❷ ちゅう目（　　）を　あびる。

❸ 大（　　）きく　名（　　）前《まえ》を　書《か》く。

❹ つめたい　水（　　）を　のむ。

❺ もの音（　　）が　聞《き》こえる。

書こう

❶ 毎《まい》□《にち》□《ほん》を　読《よ》む。

❷ お兄《にい》さんは　□《ちから》もちだ。

❸ □《くち》を　とじる。

❹ ぼくは　□《ひだり》ききです。

❺ 遠《えん》□《そく》に　□《で》かける。

❻ きれいな　□《まち》に　しよう。

□ もん 正かい！ まん点《てん》になるまでおさらいしよう！

答えは119ページ

月　日

4　1年の　ふくしゅう ④

タイムアタック 目標 5分

分　秒

★ つぎの　計算《けいさん》を　しましょう。

❶ 9＋3＝

❷ 8＋7＝

❸ 9＋8＝

❹ 7＋4＝

❺ 5＋9＝

❻ 4＋8＝

❼ 6＋5＝

❽ 8＋8＝

❾ 6＋7＝

❿ 7＋7＝

⓫ 8＋3＝

⓬ 9＋9＝

⓭ 5＋7＝

⓮ 6＋8＝

もん 正かい！ まん点《てん》になるまでおさらいしよう！

答えは
119ページ

月　日

5 1年の ふくしゅう⑤

タイムアタック 目標5分
分　秒

読もう

❶ えんぴつが 五本 ある。

❷ 林の 切《き》りかぶで 休む。

❸ かん字を 書《か》く。

❹ 九月は 秋《あき》です。

❺ 赤茶色《ちゃいろ》の 土。

書こう

❶ 電《でん》□《しゃ》に のる。

❷ □《いっ》週間《しゅうかん》は □《なの》□《か》だ。

❸ □《しろ》い ふくを きる。

❹ □《つき》の 光《ひかり》。

❺ はこの □《なか》を のぞく。

❻ □《ひゃっ》科《か》じてんで しらべる。

□ もん 正かい！ まん点《てん》になるまでおさらいしよう！

答えは 119ページ

月　日

5　1年の　ふくしゅう⑤

タイムアタック目標5分

分　秒

★ つぎの　計算《けいさん》を　しましょう。

❶ 12－4＝

❷ 11－8＝

❸ 14－5＝

❹ 15－9＝

❺ 13－8＝

❻ 14－6＝

❼ 16－9＝

❽ 18－9＝

❾ 12－7＝

❿ 13－6＝

⓫ 17－9＝

⓬ 11－5＝

⓭ 14－7＝

⓮ 12－9＝

もん 正かい！ まん点《てん》になるまでおさらいしよう！

答えは119ページ

6　1年の　ふくしゅう ⑥

タイムアタック 目標5分
分　秒

読もう

❶ 毛《け》糸で　（　）あむ。

❷ 森の　（　）どうぶつ。

❸ お金を　（　）ひろう。

❹ 小さな　（　）どんぐり。

❺ せきを　（　）立つ。

書こう

❶ 今日《きょう》は □《げつ》曜《よう》□《び》だ。

❷ つくえの □《した》に　かくれる。

❸ □《みみ》元《もと》で　ささやく。

❹ □《おんな》の □《ひと》が　すわって　いる。

❺ 教室《きょうしつ》に □《はい》る。

❻ はい色《いろ》の □《あま》雲《ぐも》。

□もん 正かい！ まん点《てん》になるまでおさらいしよう！

答えは 119ページ

6 1年の ふくしゅう ⑥

タイムアタック目標5分
分　秒

★ つぎの 計算《けいさん》を しましょう。

❶ $20+30=$ □

❷ $60+40=$ □

❸ $80-50=$ □

❹ $100-10=$ □

❺ $40+6=$ □

❻ $70+8=$ □

❼ $38-8=$ □

❽ $67-7=$ □

❾ $93+4=$ □

❿ $58-5=$ □

⓫ $86-2=$ □

⓬ $75+3=$ □

⓭ $28-3=$ □

⓮ $51+8=$ □

□もん 正かい！ まん点《てん》になるまでおさらいしよう！

答えは119ページ

7 人 体 毛 心 声

タイムアタック 目標5分
分　秒

読もう

❶ じょうぶな 体（　）を 作《つく》る。

❷ 立《りっ》ぱな 行《おこな》いに かん心（　）する。

❸ 心（　）に ひびく おうえんの 声（　）。

❹ かみの毛（　）を とく。

❺ 体（　）そうの せん手。

書こう

❶ まい子の 子犬を □《しん》ぱいする。

❷ □《たい》いくで □《からだ》を うごかす。

❸ 高《たか》い □《こえ》で 歌《うた》う。

❹ □《しん》ぞうの 音。

❺ □《こころ》から かんしゃする。

❻ 赤い □《け》糸。

□もん 正かい！ まん点《てん》になるまでおさらいしよう！

答えは119ページ

月　日

7 時こくと 時間

タイムアタック 目標 5分

分　秒

★ □に あてはまる 数《かず》を 書《か》きましょう。

れいだい

❶ 1時間《じかん》20分《ぷん》＝ 80 分

60分と20分を
あわせた時間

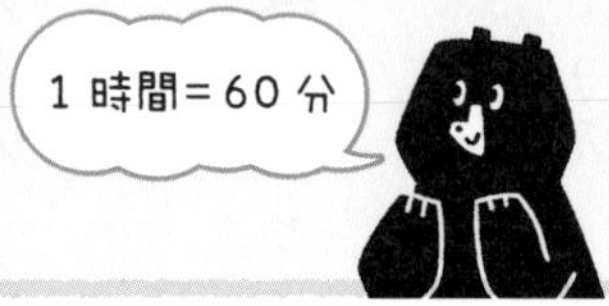

❷ 1時間30分＝□分

❸ 100分＝□時間□分

❹ 1日＝□時間

★ 今《いま》の 時こくは、8 時20 分です。
つぎの 時こくを 書きましょう。

❺ 1時間前《まえ》

□

❻ 1時間後《あと》

□

❼ 40分後

□

❽ 30分前

□

□もん 正かい！ まん点《てん》になるまでおさらいしよう！

答えは
119ページ

8 どうぶつ 魚 羽 鳥 鳴

タイムアタック 目標5分　分　秒

読もう

❶ マグロは 海《うみ》の 魚（　　）です。（　　）

❷ バッタの 羽（　　）。

❸ 金魚（　　）を かう。

❹ 小鳥（　　）が 鳴（　　）く。

❺ 鳥（　　）るいの 羽（　　）音。

書こう

❶ カラスが □《な》く。

❷ ブザーを □《な》らす。

❸ うつくしい ねったい □《ぎょ》。

❹ □《とり》が □《はね》を 広《ひろ》げる。

❺ 白□《ちょう》が まいおりる。

❻ ひなが □《は》ばたく。

□ もん 正かい！ まん点《てん》になるまでおさらいしよう！

答えは119ページ

月　日

8 2けた＋1けたの　たし算

タイムアタック目標5分

分　秒

★ つぎの　計算《けいさん》を　しましょう。

れいだい

❶ 48＋2＝ 50

❷ 57＋4＝ □

❸ 27＋3＝ □

❹ 34＋6＝ □

❺ 82＋8＝ □

❻ 29＋4＝ □

❼ 37＋9＝ □

❽ 78＋6＝ □

❾ 45＋7＝ □

❿ 67＋9＝ □

⓫ 54＋6＝ □

⓬ 89＋4＝ □

□ もん 正かい！ まん点《てん》になるまでおさらいしよう！

答えは
120ページ

9 自ぜん
野 原 風 晴

月　日

タイムアタック 目標5分　分　秒

読もう

❶ 友《とも》だちと（　）野原で、（　）野きゅうを　する。

❷ 晴天で（　）風も　ない。

❸ よく　晴れた　日。

❹ 広《ひろ》い　草原。

❺ 風力《りょく》は　つ電《でん》。

書こう

❶ □《や》生の　どうぶつ。

❷ □《はら》っぱに　□《かぜ》が　ふく。

❸ □《は》れ間《ま》が　のぞく。

❹ □《の》の　花を　つむ。

❺ 台□《ふう》が　やって　くる。

❻ □《げん》こう用紙《ようし》に　書《か》く。

□もん 正かい！ まん点《てん》になるまでおさらいしよう！

答えは
120ページ

月　日

9　2けた－1けたの　ひき算

タイムアタック 目標 5分

分　秒

★ つぎの　計算《けいさん》を　しましょう。

れいだい

❶ 30－4＝ 26　　❷ 42－5＝ □

❸ 50－2＝ □　　❹ 70－6＝ □

❺ 90－9＝ □　　❻ 23－4＝ □

❼ 64－7＝ □　　❽ 81－6＝ □

❾ 32－8＝ □　　❿ 57－9＝ □

⓫ 72－3＝ □　　⓬ 60－8＝ □

□ もん 正かい！ まん点《てん》になるまでおさらいしよう！

答えは 120ページ

10 きせつ 春夏秋冬

タイムアタック 目標5分　　分　秒

読もう

❶ 春（　　）には さくらが、夏（　　）には ひまわりが さく。

❷ 秋（　　）には なしがり、冬（　　）には スキーに 行《い》く。

❸ 春分《ぶん》（　　）の日と 秋分《ぶん》（　　）の日。

❹ 夏（　　）きの 学しゅう。

❺ くまが 冬（　　）みんする。

書こう

❶ □（はる）の よう気。

❷ しょ□（か）の 風《かぜ》が すきだ。

❸ □（あき）まつりで おどる。

❹ りんごは □（ふゆ）の くだものだ。

❺ □（なつ）休みが 楽《たの》しみだ。

❻ 今日《きょう》は 立□（しゅん）だ。

□もん 正かい！ まん点《てん》になるまでおさらいしよう！

答えは120ページ

月　日

10 たし算の ひっ算①

タイムアタック 目標 5分

分　秒

★ ひっ算《さん》で しましょう。

れいだい

❶ 45＋23

	4	5
＋	2	3
	6	8

❷ 2＋64

		2
＋	6	4

1 くらいを たてに そろえて 書《か》く。
2 一のくらいを たす。
3 十のくらいを たす。

❸ 21＋16

❹ 34＋52

❺ 60＋31

❻ 74＋5

❼ 3＋45

❽ 4＋50

□ もん 正かい！ まん点《てん》になるまでおさらいしよう！

答えは 120ページ

11 時 朝 昼 夜 間

タイムアタック 目標5分　分　秒

読もう

❶ 朝（　）の すずしい 間（　）に べん強《きょう》する。

❷ 昼（　）食《しょく》の 後《あと》（　）で 昼（　）ねを する。

❸ いつの間（　）にか 夜（　）だ。

❹ 早朝（　）の 空気。

❺ 夜間（　）に 見回《まわ》りを する。

書こう

❶ 一年□《かん》の 計画《けいかく》を 立てる。

❷ □《ひる》休みに あそぶ。

❸ 新聞《しんぶん》の □《ちょう》かんが とどく。

❹ □《よる》おそくに 目が さめる。

❺ □《や》食《しょく》を ひかえる。

❻ □《あさ》は 六時《じ》に おきる。

□もん 正かい！ まん点《てん》になるまでおさらいしよう！

答えは120ページ

月　日

11 たし算の ひっ算②

タイムアタック目標5分

分　秒

★ ひっ算《さん》で しましょう。

れいだい

❶ 26＋38

	2	6
＋	3	8
	6	4

1 くり上げて
1＋2＋3＝6

6＋8＝14

❷ 31＋9

	3	1
＋		9

1 一のくらいを 計算《けいさん》する。
2 十のくらいに 1 くり上げる。
3 十のくらいを 計算する。

❸ 35＋19

❹ 14＋48

❺ 23＋27

❻ 58＋12

❼ 79＋3

❽ 4＋86

□もん 正かい！ まん点《てん》になるまでおさらいしよう！

答えは120ページ

12 かん字の まとめ ①

タイムアタック 目標5分
分　　秒

読もう

① 心（　　）の こもった 手紙《がみ》。

② 夜明《あ》け（　　）が 近《ちか》づく。

③ 先生の 声（　　）が 聞《き》こえる。

④ 強《つよ》い 風（　　）が ふく。

⑤ 人間（　　）の くらし。

書こう

① □《け》虫が うごいて いる。

② □□□□《しゅんかしゅうとう》。

③ かみなりが □《な》る。

④ 今日《きょう》は かい□《せい》だ。

⑤ さんまは □《あき》の □《さかな》です。

⑥ □《ちゅう》食《しょく》を とる。

□ もん 正かい！ まん点《てん》になるまでおさらいしよう！

答えは120ページ

月　日

12 たし算の　ひっ算③

タイムアタック 目標 5分
分　秒

★ ひっ算《さん》で　しましょう。

❶ 47＋31

❷ 13＋58

❸ 69＋24

❹ 36＋54

❺ 47＋16

❻ 58＋40

❼ 41＋9

❽ 6＋29

❾ 7＋63

□もん 正かい！ まん点《てん》になるまでおさらいしよう！

答えは
120ページ

月　日

13 場しょ
会　社　店　通

タイムアタック 目標5分　分　秒

読もう

❶ 友《とも》だちに（　）会う。

❷ 父《ちち》は（　）社長《ちょう》です。

❸ 新《あたら》しい（　）店が（　）かい店する。

❹ （　）通学ろを（　）通って（　）学校に通う。

❺ （　）と会にあこがれる。

書こう

❶ はいしゃに□《かよ》う。

❷ □□《しゃかい》のじゅぎょう。

❸ せまい□《とお》りを歩《ある》く。

❹ □《みせ》先でケーキを売《う》る。

❺ サッカーせん手に□《あ》いたい。

❻ きっさ□《てん》でお茶《ちゃ》をのむ。

□もん 正かい！ まん点《てん》になるまでおさらいしよう！

答えは120ページ

月　日

13 ひき算の ひっ算①

タイムアタック目標5分
分　秒

★ ひっ算《さん》で しましょう。

れいだい

❶ 58－26

	5	8
－	2	6
	3	2

❷ 94－4

	9	4
－		4

❸ 35－12

❹ 64－53

❺ 89－7

❻ 43－30

❼ 78－68

❽ 57－54

□もん 正かい！ まん点《てん》になるまでおさらいしよう！

答えは 120ページ

14 ようす
太 細 多 少

タイムアタック 目標5分
分　秒

読もう

❶ 太い クレヨン。

❷ 細い えんぴつで
細かい 線《せん》を かく。

❸ しゅくだいが 多い。

❹ 少し 少ない。

❺ 多少の ちがいが ある。

書こう

❶ □《ほそ》い 糸で しばる。

❷ 人数《ずう》が □《おお》い。

❸ □《ふと》い マジックで ぬる。

❹ しお、こしょうを □《しょう》しょう。

❺ □《た》数《すう》けつで □《すこ》し さがつく。

❻ □《しょう》年が 走《はし》って くる。

□ もん 正かい！ まん点《てん》になるまでおさらいしよう！

答えは121ページ

月　日

14 ひき算の ひっ算②

タイムアタック 目標5分
分　秒

★ ひっ算《さん》で しましょう。

れいだい

❶ 42－27

	4	2
－	2	7
	1	5

1 くり下げた
から 3－2＝1

1 くり下げて
12－7＝5

❷ 36－9

	3	6
－		9

[1] 十のくらいから 1 くり下げて、一のくらいを 計算《けいさん》する。
[2] 十のくらいを 計算する。

❸ 52－26

❹ 87－49

❺ 50－13

❻ 94－87

❼ 57－8

❽ 90－6

□ もん 正かい！ まん点《てん》になるまでおさらいしよう！

答えは
121ページ

15 うごき　歩　回　話　聞

タイムアタック 目標5分
分　秒

読もう

❶ 公園《こうえん》を 歩き回る。

❷ 車りんが 回てんする。

❸ どう話を 読《よ》む。

❹ 歩道《どう》を 歩きながら 話す。

❺ 話を 聞く。

書こう

❶ 五□《かい》目の ちょうせん。

❷ 手□《わ》を ならう。

❸ プリントを 後《うし》ろへ □《まわ》す。

❹ 先生の □《はなし》を □《き》く。

❺ と□《ほ》で むかう。

❻ じっくりと □《はな》す。

□もん 正かい！ まん点《てん》になるまでおさらいしよう！

答えは121ページ

月　日

15 ひき算の　ひっ算③

タイムアタック 目標 5分

分　秒

★ ひっ算《さん》で　しましょう。

❶ 49－37

❷ 72－55

❸ 35－16

❹ 60－23

❺ 87－84

❻ 93－89

❼ 54－34

❽ 62－38

❾ 81－4

□もん 正かい！ まん点《てん》になるまでおさらいしよう！

答えは
121ページ

月　日

16

形

形　線　丸　点

タイムアタック 目標 5分

分　秒

読もう

❶ 星《ほし》の 形に 切《き》る。

❷ 点を 線で むすぶ。

❸ 丸い おにぎり。

❹ 三角《かく》形の やね。

❺ 人形で あそぶ。

書こう

❶ 正かいに □《まる》を つける。

❷ 百□《てん》を とる。

❸ 四角《かく》□《けい》の テーブル。

❹ 紙《かみ》人□《ぎょう》を 作《つく》る。

❺ □《まる》い □《かたち》の けしごむ。

❻ 星《ほし》の □《かたち》を □《せん》で なぞる。

□もん 正かい！ まん点《てん》になるまでおさらいしよう！

答えは 121ページ

月　日

16 計算の まとめ①
たし算と ひき算

タイムアタック 目標5分

分　秒

★ ひっ算《さん》で しましょう。

❶ 73＋16

❷ 29＋65

❸ 48－12

❹ 99－9

❺ 45＋35

❻ 81－69

❼ 8＋56

❽ 64－45

❾ 72－7

□もん 正かい！ まん点《てん》になるまでおさらいしよう！

答えは 121ページ

月　日

17 色

黄　黒　茶　色

タイムアタック 目標5分

分　秒

読もう

❶ 黒（　）ばんに 黄色（　）の チョークで 書《か》く。

❷ 黒（　）い ボール。

❸ 茶色（　）の クレヨン。

❹ 色紙《がみ》（　）で つるを おる。

❺ 三色（　）の 絵のぐ。

書こう

❶ まっ［　］《くろ》に ぬる。

❷ 十二［　］《しょく》の［　］《いろ》えんぴつ。

❸ たまごの［　］《き》み。

❹ ［　］［　］《ちゃいろ》の たてもの。

❺ こう［　］《ちゃ》を のむ。

❻ ［　］《こく》人の せん手。

［　］もん 正かい！ まん点《てん》になるまでおさらいしよう！

答えは
121ページ

月　日

17 計算の まとめ②
たし算と ひき算

タイムアタック目標5分
分　秒

★ つぎの もんだいに 答《こた》えましょう。

れいだい

❶ 赤い 花が 23本、白い 花が 17本 さいて います。花は ぜんぶで 何本《なんぼん》 さいて いますか。

しき 23 + 17 =　　答え □ 本

ぜんぶの 数《かず》は たし算《ざん》で もとめる。

❷ おはじきを 36こ もって います。18こ もらうと、おはじきは ぜんぶで 何こに なりますか。

しき □　　答え □ こ

❸ ようこさんは、53円 もって います。24円の おかしを 買《か》うと、のこりは いくらですか。

しき □　　答え □ 円

❹ りんごが 31こ、みかんが 19こ あります。りんごは、みかんより 何こ 多《おお》いですか。

しき □　　答え □ こ

□もん 正かい！まん点《てん》になるまでおさらいしよう！

答えは 121ページ

18 かん字の まとめ②

タイムアタック 目標5分
分　秒

読もう

❶ うら通りを ぬける。（　）

❷ 少人数《ずう》の クラス。（　）

❸ お父《とう》さんの 会社。（　）

❹ 丸太を 切《き》る。（　）

❺ 新《しん》聞を 読《よ》む。（　）

書こう

❶ □《くろ》い あめを なめる。

❷ □《かい》てんする テーブル。

❸ □□《かいわ》を 楽《たの》しむ。

❹ お□《ちゃ》を 入れる。

❺ □《てん》数《すう》を つける。

❻ □《つう》行《こう》止《ど》めに なる。

□もん 正かい！ まん点《てん》になるまでおさらいしよう！

答えは121ページ

18 長さの 計算 ①

タイムアタック目標 5分
分　秒

★ つぎの 計算《けいさん》を しましょう。

れいだい

❶ 2cm 5mm＋3cm 4mm＝ 5 cm 9 mm

同《おな》じ たんいどうしを 計算する。

❷ 6cm4mm＋8cm＝

❸ 5cm7mm+2mm＝

❹ 9cm8mm+2mm＝

❺ 3cm9mm−3cm＝

❻ 8cm6mm−6mm＝

❼ 7cm5mm−2cm4mm＝

❽ 4cm−2mm＝

□ もん 正かい！ まん点《てん》になるまでおさらいしよう！

答えは122ページ

19 学校生活 国語読書

タイムアタック 目標5分　分　秒

読もう

❶ うつくしい国（　　）。

❷ えい語（　　）で 語り（　　）合《あ》う。

❸ 外《がい》国（　　）の 本を 読（　　）む。

❹ 手紙《がみ》を 書（　　）く。

❺ 読書（　　）を する。

書こう

❶ □《しょ》道《どう》の 時間《じかん》。

❷ □《こ》□《ご》の じゅぎょう。

❸ 弟《おとうと》に □《かた》りかける。

❹ 音□《どく》の しゅくだい。

❺ □《よ》み□《か》きの べん強《きょう》。

❻ □《こく》内《ない》を りょ行《こう》する。

□もん 正かい！ まん点《てん》になるまでおさらいしよう！

答えは122ページ

19 100より 大きい 数①

タイムアタック目標 5分

分　秒

★ □に あてはまる 数《かず》を 書《か》きましょう。

れいだい

❶ 100を 3こ、10を 2こ、1を 6こ

あわせた 数は 326 です。

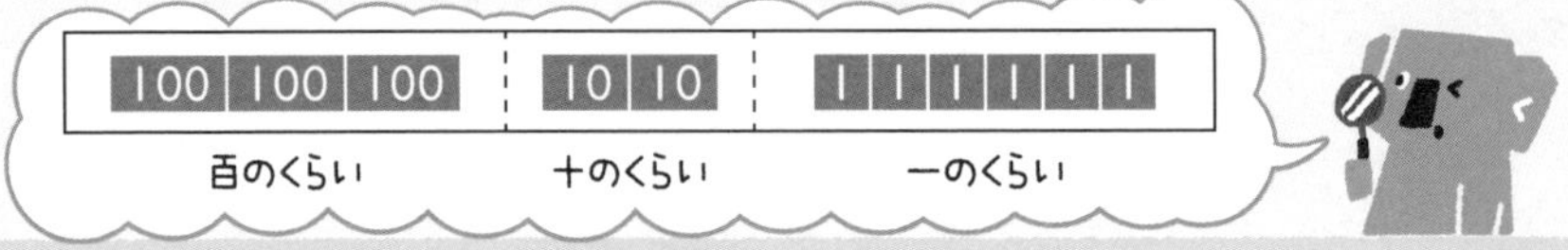

❷ 100を 5こ、10を 9こ、1を 7こ あわせた 数は □ です。

❸ 100を 6こ、10を 4こ あわせた 数は □ です。

❹ 100を 8こ、1を 7こ あわせた 数は □ です。

❺ 400と 10と 2を あわせた 数は □ です。

❻ 900と 3を あわせた 数は □ です。

□もん 正かい！ まん点《てん》になるまでおさらいしよう！

答えは 122ページ

月　日

20 道ぐ
電　刀　弓　矢

タイムアタック 目標5分
分　秒

読もう

❶ 電（　　）気を　つける。

❷ さむらいの　刀（　　）。

❸ 弓（　　）を　もつ。

❹ 矢（　　）じるしの　方《ほう》こう。

❺ きちょうな　日本刀（　　）。

書こう

❶ □《でん》話《わ》に　出る。

❷ □《かたな》を　ぬく。

❸ ふき□《や》を　ふく。

❹ 木□《とう》を　もつ。

❺ □《でん》池《ち》で　うごく　おもちゃ。

❻ □《ゆみ》□《や》を　にぎる。

□もん 正かい！ まん点《てん》になるまでおさらいしよう！

答えは
122ページ

月　日

20 100より 大きい 数②

タイムアタック目標5分
分　秒

★ □に あてはまる 数《かず》を 書《か》きましょう。

れいだい

いちばん 小さい
1めもりは 10を あらわす。

❶ 210

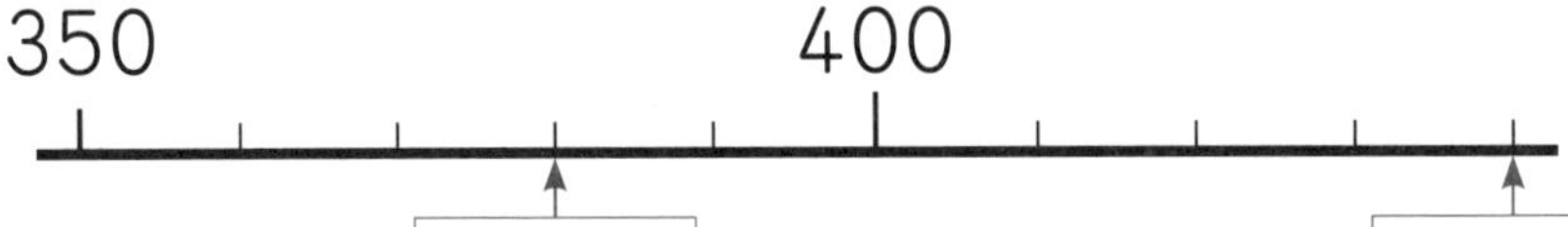

❷ □　❸ □

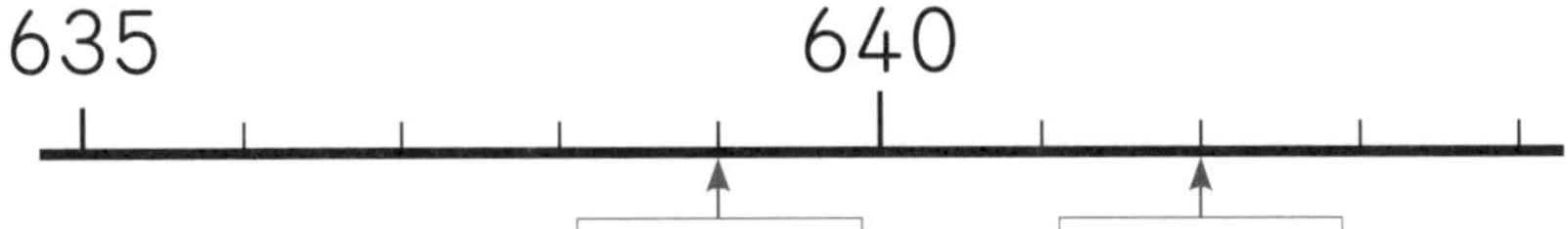

❹ □　❺ □

❻ □　❼ □

996 − 997 − 998 − ❽ □ − ❾ □

□もん 正かい！ まん点《てん》になるまでおさらいしよう！

答えは 122ページ

21 人 顔　頭　首　才

タイムアタック 目標5分
分　秒

読もう

❶ 顔と 頭。

❷ かん字の ぶ首。

❸ お花の 首かざり。

❹ 才のうを 生かす。

❺ 教《きょう》頭先生の あいさつ。

書こう

❶ 手□《くび》と 足□《くび》。

❷ 姉《あね》は 十□《さい》です。

❸ おきたら まず □《かお》を あらう。

❹ 先□《とう》を 歩《ある》く。

❺ 百人一□《しゅ》の 天□《さい》だ。

❻ ヘルメットで □《あたま》を まもる。

□もん 正かい！ まん点《てん》になるまでおさらいしよう！

答えは122ページ

月　日

21 100より 大きい 数③

タイムアタック目標5分
分　秒

★ □に あてはまる 数《かず》を 書《か》きましょう。

れいだい

❶ 10を 32こ あつめた 数は [320] です。

10が
→ 30こで 300
→ 2こで 20
} あわせて → 320

❷ 10を 50こ あつめた 数は □ です。

❸ 10を 68こ あつめた 数は □ です。

❹ 790は 10を □ こ あつめた 数です。

❺ 100を 4こ あつめた 数は □ です。

❻ 100を 10こ あつめた 数は □ です。

❼ 1000より 100 小さい 数は □ です。

□ もん 正かい！ まん点《てん》になるまでおさらいしよう！

答えは
122ページ

22 どうぶつ

馬　牛　頭　走

タイムアタック 目標5分
分　秒

読もう

❶ 牛（　）を　かう。

❷ 馬（　）に　のる。

❸ 白馬（　）が　走（　）る。

❹ 二頭（　）の　牛（　）の　きょう走（　）。

❺ 牛（　）にゅうを　のむ。

書こう

❶ 三□《とう》の□《うし》が　いる。

❷ □《ぎゅう》肉《にく》が　すきだ。

❸ だい一□《そう》しゃは　ぼくだ。

❹ □《うま》小やの　そうじを　する。

❺ ライオンが□《はし》る。

❻ □《ば》車に　のって　みたい。

□もん 正かい！ まん点《てん》になるまでおさらいしよう！

答えは122ページ

月　日

22 何十、何百の たし算

タイムアタック目標5分

分　秒

★ つぎの 計算《けいさん》を しましょう。

れいだい

❶ 90＋40＝ 130

❷ 500＋60＝

❸ 70＋70＝

❹ 60＋90＝

❺ 40＋80＝

❻ 50＋60＝

❼ 300＋400＝

❽ 100＋700＝

❾ 800＋200＝

❿ 900＋50＝

⓫ 200＋30＝

⓬ 600＋60＝

□もん 正かい！ まん点《てん》になるまでおさらいしよう！

答えは122ページ

23 自ぜん
地　岩　海　雪

タイムアタック 目標5分
分　　秒

読もう

❶ 土地（　　）の　地ぬし（　　）。

❷ 海がん（　　）の　岩山（　　）。

❸ 青く　きれいな　海（　　）。

❹ 雪（　　）だるまを　作《つく》る。

❺ 岩石（　　）を　くだく。

書こう

❶ しん□《かい》に　すむ　魚《さかな》。

❷ □《がん》石を　けずる。

❸ お□《じ》ぞうさまに　いのる。

❹ □《ゆき》の　ふる　□《ち》いき。

❺ ごつごつした　□《いわ》。

❻ □《うみ》びらきの　日。

□ もん 正かい！ まん点《てん》になるまでおさらいしよう！

答えは122ページ

月　日

23 何十、何百の　ひき算

タイムアタック 目標 5分

分　秒

★ つぎの　計算《けいさん》を　しましょう。

れいだい

❶ 120−40= 80

❷ 500−200= ☐

❸ 110−60= ☐

❹ 170−80= ☐

❺ 150−90= ☐

❻ 130−60= ☐

❼ 900−700= ☐

❽ 800−200= ☐

❾ 1000−600= ☐

❿ 580−80= ☐

⓫ 390−90= ☐

⓬ 1000−300= ☐

☐ もん 正かい！ まん点《てん》になるまでおさらいしよう！

答えは 122ページ

月　日

24 かん字の まとめ③

タイムアタック 目標5分
分　秒

読もう

❶ せい電気が おこる。（　　）

❷ 馬車に のる。（　　）

❸ しゅう才と よばれる。（　　）

❹ 地しんに そなえる。（　　）

❺ 頭が いたい。（　　）

書こう

❶ □《かい》水は しおからい。

❷ 北海道《ほっかいどう》は □□《ゆきぐに》です。

❸ □□《どくしょ》が しゅみです。

❹ マフラーを □《くび》に まく。

❺ 外《がい》□《こく》の 楽《がっ》き。

❻ 思《おも》いきり □《はし》る。

□もん 正かい！ まん点《てん》になるまでおさらいしよう！

答えは122ページ

月　日

24 計算の まとめ③ たし算と ひき算

タイムアタック 目標5分

分　秒

★ つぎの 計算《けいさん》を しましょう。

❶ 60＋50＝□

❷ 130－40＝□

❸ 700－200＝□

❹ 100＋600＝□

❺ 620－20＝□

❻ 30＋90＝□

❼ 400＋600＝□

❽ 800－600＝□

❾ 700＋30＝□

❿ 1000－400＝□

⓫ 80＋50＝□

⓬ 160－90＝□

⓭ 1000－800＝□

⓮ 380－80＝□

□もん 正かい！ まん点《てん》になるまでおさらいしよう！

答えは 122ページ

月　日

25 時 今 週 曜 毎

タイムアタック 目標5分
分　秒

読もう

❶ 今（　）は 休み時間《じかん》です。

❷ 毎週（　）の 当番《とうばん》。

❸ 土曜（　）日は 本を 読《よ》む。

❹ 今（　）回《かい》の けっか。

❺ 一週（　）間《かん》の よてい。

書こう

❶ □□《こんしゅう》は 天気が いい。

❷ 明日《あす》は 水□《よう》日です。

❸ 来《らい》□《しゅう》の 火□《よう》日に 会《あ》う。

❹ □《まい》日 あいさつする おばさん。

❺ □《いま》から 行《い》きます。

❻ □《こん》年どの 目ひょう。

□もん 正かい！ まん点《てん》になるまでおさらいしよう！

答えは 122ページ

月　日

25 数の大小

タイムアタック目標 5分
分　秒

★ □に　あてはまる　>、<、=を　書《か》きましょう。

れいだい

❶ 412 [>] 398

数《かず》の　大小の　あらわしかた
大>小、小<大

❷ 897 □ 901　　❸ 468 □ 459

❹ 624 □ 642　　❺ 159 □ 161

❻ 105 □ 96　　❼ 250 □ 200+50

❽ 40 □ 120−60　　❾ 50+70 □ 102

❿ 130−50 □ 70　　⓫ 60+50 □ 110

□もん 正かい！まん点《てん》になるまでおさらいしよう！

答えは 123ページ

26 場しょ
内　外　門　戸

タイムアタック 目標5分
分　秒

読もう

❶ はこの 内（　）がわ。

❷ 外（　）で あそぼう。

❸ 門（　）の 前《まえ》で まつ。

❹ 戸（　）が 外（　）れる。

❺ 外（　）国《こく》人を あん内（　）する。

書こう

❶ 町□《ない》の おまつり。

❷ □《がい》来《らい》の 生ぶつ。

❸ 校□《もん》が あいて いる。

❹ □《と》だなを しめる。

❺ コースから □《はず》れる。

❻ □《うち》と □《そと》。

□もん 正かい！ まん点《てん》になるまでおさらいしよう！

答えは 123ページ

月　日

26 かさの 計算①

タイムアタック 目標5分
分　秒

★ □に あてはまる 数《かず》を 書《か》きましょう。

れいだい

❶ 1L＝［10］dL

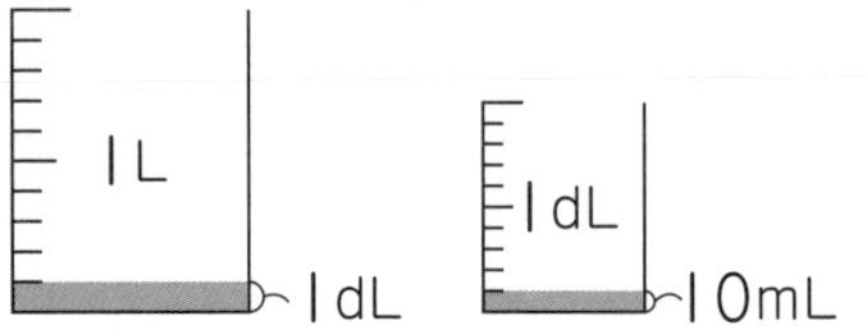

❷ 1dL＝［　］mL　❸ 1L＝［　］mL

❹ 3L＝［　］mL　❺ 5L＝［　］dL

❻ 2dL＝［　］mL　❼ 100mL＝［　］dL

❽ 300mL＝［　］dL　❾ 1000mL＝［　］L

❿ 4L＝［　］dL　⓫ 7L2dL＝［　］dL

⓬ 23dL＝［　］L［　］dL

［　］もん 正かい！ まん点《てん》になるまでおさらいしよう！

答えは 123ページ

27 ようす 高広新古

タイムアタック目標5分　分　秒

読もう

❶ 日本一　高（　）い　山。

❷ 広（　）い　野原《のはら》に　出る。

❸ 新（　）しい　ペンの　広（　）こく。

❹ 古（　）い　ふくを　すてる。

❺ 新（　）年どから　高（　）学年だ。

書こう

❶ 人気が　□《たか》まる。

❷ □《こう》はんいに　□《ひろ》まる。

❸ つかい　□《ふる》した　ふでばこ。

❹ □《こう》ねつが　出る。

❺ □《あたら》しい　本。

❻ □《しん》はつ売《ばい》の　おかし。

□もん　正かい！　まん点《てん》になるまでおさらいしよう！

答えは123ページ

27 かさの 計算 ②

タイムアタック 目標5分
分　秒

★ つぎの 計算《けいさん》を しましょう。

れいだい

❶ 1L 5dL＋2L 3dL＝ 3 L 8 dL

同《おな》じ　たんいどうしを　計算する。

❷ 2L4dL＋2L5dL＝

❸ 7L6dL－5L2dL＝

❹ 2L5dL＋5dL＝

❺ 2L6dL－6dL＝

❻ 4L8dL＋3dL＝

❼ 2L5dL－9dL＝

❽ 3L1dL－4dL＝

もん 正かい！ まん点《てん》になるまでおさらいしよう！

答えは 123ページ

28 うごき 売 買 行 来

タイムアタック 目標5分　分　秒

読もう

❶ 本を 売り買いする。

❷ 売店《てん》まで 来た。

❸ 来年は じゅくへ 行く。

❹ 来るのか 来ないのか。

❺ 行れつが 行しんする。

書こう

❶ はつ□《ばい》の 日に 店《みせ》に □《い》く。

❷ 外国《がいこく》の 歌《か》手が □《らい》日する。

❸ □《か》いものに 出かける。

❹ よく □《う》れて いる ケーキ。

❺ いつまで まっても □《こ》ない。

❻ こっちへ □《き》て ください。

□もん 正かい！ まん点《てん》になるまでおさらいしよう！

答えは 123ページ

月　日

28 計算の まとめ④ かさ

タイムアタック 目標5分

分　秒

★ □に あてはまる 数《かず》を 書《か》きましょう。

❶ 2L＝□dL　❷ 4dL＝□mL

❸ 30dL＝□L　❹ 1000mL＝□L

❺ 47dL＝□L□dL

❻ 1L3dL＝□dL

★ つぎの 計算《けいさん》を しましょう。

❼ 2L4dL＋1L2dL＝□

❽ 4L9dL－2L3dL＝□

❾ 3L1dL－1L8dL＝□

❿ 2L7dL＋3L6dL＝□

⓫ 5L7dL－4L＝□

□もん 正かい！ まん点《てん》になるまでおさらいしよう！

答えは 123ページ

29 学校生活

教室理科

月　日

タイムアタック 目標5分　　分　　秒

読もう

❶ 弟《おとうと》に　教（　　）える。

❷ 音楽《がく》室（　　）の　ピアノ。

❸ けんかの　理（　　）ゆう。

❹ 生活《かつ》科（　　）で　教（　　）わる。

❺ 教科（　　）書《しょ》を　わすれる。

書こう

❶ □《り》□《か》の　じっけん。

❷ □《きょう》□《しつ》に　入る。

❸ 先生に　とき方《かた》を　□《おそ》わる。

❹ せい□《り》して　□《おし》える。

❺ 図工《ずこう》□《しつ》で　絵《え》を　かく。

❻ すきな　□《か》目は　何《なん》ですか。

□もん 正かい！ まん点《てん》になるまでおさらいしよう！

答えは123ページ

29 計算の じゅんじょ

タイムアタック 目標5分
分　秒

★ つぎの 計算《けいさん》を しましょう。

れいだい

❶ 18+(6+4)= 28

（　）《かっこ》の 中を 先に 計算する。

❷ 52+(9+1)= □

❸ 29+(5+15)= □

❹ 63+(29+1)= □

❺ 17+(20+30)= □

❻ 38+(4+36)= □

❼ 26+(52+8)= □

❽ 41+(3+17)= □

□ もん 正かい！ まん点《てん》になるまでおさらいしよう！

答えは
123ページ

30 かん字の まとめ ④

タイムアタック 目標5分　分　秒

読もう

❶ 毎週の よてい。（　）

❷ 外国《こく》人と 話《はな》す。（　）

❸ よい 行いを する。（　）

❹ 今月の 行じ。（　）（　）

❺ 米《こめ》の 売買を する。（　）

書こう

❶ □《もん》を 出て □《い》く。

❷ イヌ □《か》の どうぶつ。

❸ □《と》を しめて ください。

❹ 母《はは》の りょう □《り》は おいしい。

❺ □《まい》朝《あさ》、□《しん》聞《ぶん》を 読《よ》む。

❻ 父《ちち》は 日 □《よう》大工《く》が とくいだ。

□ もん 正かい！ まん点《てん》になるまでおさらいしよう！

答えは123ページ

月　日

30 計算の くふう

タイムアタック 目標 5分

分　秒

★ くふうして 計算《けいさん》しましょう。

れいだい

❶ 7+16+4= 27

先に たすと、 計算が かんたんに なる。

❷ 9+28+2=

❸ 56+17+3=

❹ 38+20+10=

❺ 31+41+9=

❻ 28+14+6=

❼ 29+25+25=

❽ 14+54+16=

　もん 正かい！ まん点《てん》になるまでおさらいしよう！

答えは 123ページ

31 方こう・方角 東西南北

タイムアタック 目標5分　分　秒

読もう

❶ 東（　　）の 方角《ほうがく》。

❷ 西（　　）行《ゆ》きの 電《でん》車。

❸ 南（　　）に 下る。

❹ 日本の 北（　　）がわ。

❺ 東西南北（　　）。

書こう

❶ □□《なんとう》を むく。

❷ □《にし》日が さす。

❸ □《みなみ》むきの へや。

❹ □□《とうほく》地方《ちほう》の くらし。

❺ つめたい □《きた》風《かぜ》が ふく。

❻ □《ひがし》を むいて ねる。

□もん 正かい！ まん点《てん》になるまでおさらいしよう！

答えは123ページ

31 たし算の ひっ算④

タイムアタック目標5分
分　秒

★ ひっ算《さん》で しましょう。

れいだい

❶ 76＋53

	7	6
＋	5	3
1	2	9

1 くり上げる。

7＋5＝12

❷ 83＋80

	8	3
＋	8	0

1 一のくらいを 計算《けいさん》する。
2 十のくらいを 計算する。
3 百のくらいに 1 くり上げる。

❸ 82＋31

❹ 95＋42

❺ 63＋65

❻ 23＋85

❼ 40＋79

❽ 55＋50

□もん 正かい！ まん点《てん》になるまでおさらいしよう！

答えは123ページ

32 食じ

食　肉　麦　米

タイムアタック目標5分
分　秒

読もう

❶ ごはんを　食（　　）べる。

❷ やき肉（　　）が　すきだ。

❸ 小麦（　　）こを　買《か》う。

❹ 新《しん》米（　　）で　お米（　　）を　たく。

❺ 家《か》ぞくで　外《がい》食（　　）する。

書こう

❶ □《むぎ》の　入った　ごはん。

❷ □《こめ》を　□《た》べる。

❸ ぶた□《にく》を　買《か》う。

❹ よく　かんで　□《た》べよう。

❺ 日本は　□《こめ》が　しゅ□《しょく》だ。

❻ 白□《まい》の　ごはん。

□もん 正かい！ まん点《てん》になるまでおさらいしよう！

答えは123ページ

月　日

32 たし算の ひっ算⑤

タイムアタック目標 5分

分　秒

★ ひっ算《さん》で しましょう。

れいだい

❶ 48＋97

	4	8
＋	9	7
1	4	5

1 くり上げて
1 + 4 + 9 = 14

8 + 7 = 15

❷ 19＋91

	1	9
＋	9	1

1 一のくらいを 計算《けいさん》する。
2 十のくらいに 1 くり上げる。
3 十のくらいを 計算する。
4 百のくらいに 1 くり上げる。

❸ 67＋89

❹ 74＋68

❺ 32＋98

❻ 47＋54

❼ 25＋75

❽ 4＋99

□ もん 正かい！ まん点《てん》になるまでおさらいしよう！

答えは 123ページ

月　日

33 時
時 計 分 半

タイムアタック 目標5分
分　秒

読もう

❶ 十分（　）な 時（　）が たつ。

❷ 時（　）間《かん》を 計（　）る。

❸ 十二時半（　）に なる。

❹ 五分（　）で 分（　）かる。

❺ 計（　）さんして 分（　）ける。

書こう

❶ □□《はんぶん》に □《わ》ける。

❷ 答《こた》えが □《わ》かる。

❸ 三□《じ》の おやつ。

❹ 体《たい》おんを □《はか》る。

❺ □《とき》どき 来《く》る。

❻ □《けい》画《かく》を 立てる。

□ もん 正かい！ まん点《てん》になるまでおさらいしよう！

答えは124ページ

月　日

33 3つの 数の たし算

タイムアタック 目標 5分

分　秒

★ ひっ算《さん》で しましょう。

れいだい

❶

		9
	2	3
+	1	6
	4	8

❷ 24＋35＋75

	2	4
	3	5
+	7	5
1	3	4

❸

	1	3
	4	2
+	3	9

❹

	3	7
	4	3
+	2	5

❺

	5	9
	1	4
+	7	8

❻ 64＋13＋83

❼ 46＋50＋28

❽ 19＋27＋94

□もん 正かい！ まん点《てん》になるまでおさらいしよう！

答えは
124ページ

34 自ぜん　池　雲　星　光

タイムアタック 目標5分
分　秒

読もう

❶ 池に　日光が　はんしゃする。

❷ 雲間《ま》から　月の　光が　さす。

❸ 星を　ながめる。

❹ かん電《でん》池で　光る。

❺ 星ざを　しらべる。

書こう

❶ □《ほし》が　きらきら　□《ひか》る。

❷ 古《ふる》い　□《いけ》が　ある。

❸ ほたるの　□《ひかり》。

❹ えい□《せい》しゃしんを　見る。

❺ □《くも》が　ながれる。

❻ 太《たい》よう電《でん》□《ち》を　つかう。

□もん　正かい！　まん点《てん》になるまでおさらいしよう！

答えは124ページ

月　日

34 ひき算の ひっ算④

タイムアタック目標5分
分　秒

★ ひっ算《さん》で しましょう。

れいだい

❶ 155－62

	1	5	5
－		6	2
		9	3

1 くり下げて
15 － 6 ＝ 9

❷ 133－41

	1	3	3
－		4	1

1 一のくらいを 計算《けいさん》する。
2 百のくらいから
1 くり下げて、
十のくらいを 計算する。

❸ 158－76

❹ 124－83

❺ 117－70

❻ 149－99

❼ 106－15

❽ 104－94

□もん 正かい！ まん点《てん》になるまでおさらいしよう！

答えは
124ページ

月　日

35 場しょ
市場公園

タイムアタック目標5分　分　秒

読もう

❶ 朝《あさ》市（　　）に　出かける。

❷ まち合《あ》わせの　場（　　）しょ。

❸ 公（　　）みんかんに　行《い》く。

❹ ほいく園（　　）の　うんどう場（　　）。

❺ 市（　　）町村。

書こう

❶ □□《いちば》で　野《や》さいを　買《か》う。

❷ □□《こうえん》の　ベンチに　すわる。

❸ □《こう》しゅうトイレを　つかう。

❹ 京《きょう》と□《し》に　すむ。

❺ 会《かい》□《じょう》は　こちらです。

❻ どうぶつ□《えん》に　行く。

□もん 正かい！まん点《てん》になるまでおさらいしよう！

答えは124ページ

35 ひき算の ひっ算⑤

タイムアタック目標5分
分　秒

★ ひっ算《さん》で しましょう。

れいだい

❶ 134－78

	1	3	4
－		7	8
		5	6

1 くり下げた から 12－7＝5

1 くり下げて 14－8＝6

❷ 162－83

	1	6	2
－		8	3

1 十のくらいから 1 くり下げて、一のくらいを 計算《けいさん》する。
2 百のくらいから 1 くり下げて、十のくらいを 計算する。

❸ 156－89

❹ 172－95

❺ 141－47

❻ 101－63

❼ 100－56

❽ 103－4

□もん 正かい！ まん点《てん》になるまでおさらいしよう！

答えは 124ページ

36 かん字の まとめ⑤

タイムアタック 目標5分
分　秒

読もう

❶ 米（　）を 毎日《まいにち》 食（　）う。

❷ 黒《くろ》い 雲（　）が 見える。

❸ 体《たい》じゅう計（　）に のる。

❹ まぶしい 光（　）。

❺ 星（　）を 数《かぞ》える。

書こう

❶ それだけ あれば 十□《ぶん》だ。

❷ □《ほく》と七□《せい》を 見つける。

❸ ライオンは □□《にくしょく》どうぶつだ。

❹ 雨の □《ば》合《あい》は 中止《し》です。

❺ □《こう》立の 小学校に 通《かよ》う。

❻ し合《あい》の 後《こう》□《はん》せんに 出る。

□もん 正かい！ まん点《てん》になるまでおさらいしよう！

答えは124ページ

月　日

36 大きい 数の ひっ算

タイムアタック 目標5分

分　秒

★ ひっ算《さん》で しましょう。

れいだい

❶ 324＋69

	3	2	4
＋		6	9
	3	9	3

4 + 9 = 13

1　くり上げて
1 + 2 + 6 = 9

❷ 981－29

	9	8	1
－		2	9

1 一のくらいを　計算《けいさん》する。
2 十のくらいを　計算する。
3 百のくらいの　数《かず》を
そのまま　下ろす。

❸ 467＋18　❹ 209＋56　❺ 25＋135

❻ 872－47　❼ 645－38　❽ 518－9

□もん 正かい！まん点《てん》になるまでおさらいしよう！

答えは
124ページ

月　日

37 ようす 強弱長元

タイムアタック目標5分　分　秒

読もう

❶ 雨が 強（　　）く なったり、弱（　　）く なったり する。

❷ 町長（　　）の しごと。

❸ 長（　　）さを 元（　　）に もどす。

❹ 元（　　）気が 出る。

❺ 強弱（　　）を つける。

書こう

❶ □《もと》通《どお》り □《げん》気に なる。

❷ □《じゃく》点《てん》を 見つける。

❸ 父《ちち》は うでずもうが □《つよ》い。

❹ 火を □《よわ》める。

❺ □《きょう》力な せっちゃくざい。

❻ □《なが》い 一日。

□もん 正かい！ まん点《てん》になるまでおさらいしよう！

答えは125ページ

月　日

37 5のだんの 九九

タイムアタック目標5分
分　秒

★ つぎの 計算《けいさん》を しましょう。

れいだい

❶ 5×3= 15

❷ 5×5=

五三《ごさん》　15

五五《ごご》　25

❸ 5×9=

❹ 5×8=

❺ 5×2=

❻ 5×4=

❼ 5×7=

❽ 5×1=

❾ 5×8=

❿ 5×6=

⓫ 5×5=

⓬ 5×9=

⓭ 5×3=

⓮ 5×7=

　　もん 正かい！ まん点《てん》になるまでおさらいしよう！

答えは 125ページ

38 うごき
切　直　活　止

タイムアタック 目標5分　分　秒

読もう

❶ 直（　）線《せん》に 紙《かみ》を 切（　）る。

❷ 間《ま》ちがいを 直（　）す。

❸ 水を 止（　）める。

❹ 活（　）どうを 休止（　）する。

❺ ものを 大切（　）に する。

書こう

❶ 車が □《と》まる。

❷ よく □《き》れる 刀《かたな》で □《せつ》だんする。

❸ うんどう会で □《かつ》やくする。

❹ このまま □《ちょく》しんしよう。

❺ きげんが □《なお》る。

❻ 一たん てい □《し》する。

□ もん 正かい！ まん点《てん》になるまでおさらいしよう！

答えは 125ページ

月　日

38 2のだんの 九九

タイムアタック目標5分

分　秒

★ つぎの 計算《けいさん》を しましょう。

❶ $2 \times 3 =$ □　❷ $2 \times 5 =$ □

❸ $2 \times 4 =$ □　❹ $2 \times 2 =$ □

❺ $2 \times 6 =$ □　❻ $2 \times 8 =$ □

❼ $2 \times 7 =$ □　❽ $2 \times 9 =$ □

❾ $2 \times 1 =$ □　❿ $2 \times 7 =$ □

⓫ $2 \times 9 =$ □　⓬ $2 \times 8 =$ □

⓭ $2 \times 5 =$ □　⓮ $2 \times 2 =$ □

□もん 正かい！ まん点《てん》になるまでおさらいしよう！

答えは
125ページ

月　日

39 方こう・方角

方 角 前 後

タイムアタック 目標5分　分　秒

読もう

❶ 角（　　）を まがって 学校の 方（　　）へ 歩《ある》く。

❷ 前後（　　）を かくにんする。

❸ 前（　　）の 車の 後（　　）を おう。

❹ 後（　　）ろの 方（　　）は どなたですか。

❺ 直《ちょっ》角（　　）に まがる。

書こう

❶ 三□《かく》に 切《き》る。

❷ 午《ご》□《ご》から 出かける。

❸ ぼくは きみの み□《かた》だ。

❹ □《うし》ろを むく。

❺ □《まえ》へ すすむ。

❻ □《あと》から □《かど》を けずる。

□もん 正かい！ まん点《てん》になるまでおさらいしよう！

答えは125ページ

月　日

39 3のだんの 九九

タイムアタック 目標5分
分　秒

★ つぎの 計算《けいさん》を しましょう。

❶ $3\times5=$ □　　❷ $3\times3=$ □

❸ $3\times2=$ □　　❹ $3\times4=$ □

❺ $3\times1=$ □　　❻ $3\times6=$ □

❼ $3\times8=$ □　　❽ $3\times9=$ □

❾ $3\times7=$ □　　❿ $3\times4=$ □

⓫ $3\times9=$ □　　⓬ $3\times7=$ □

⓭ $3\times3=$ □　　⓮ $3\times5=$ □

□もん 正かい！ まん点《てん》になるまでおさらいしよう！

答えは125ページ

40 学校生活
図画工作

タイムアタック目標5分
分　秒

読もう

❶ 図書《しょ》いいんの　しごと。

❷ はん画を　する　計《けい》画。

❸ 工場《じょう》の　見とり図。

❹ 作文が　とくいだ。

❺ 工ふうして　作る。

書こう

❶ 十□《かく》の　かん字。

❷ ねん土で　人形《ぎょう》を　□《つく》る。

❸ 夏《なつ》休みの　□□《こうさく》。

❹ □□《ずこう》の　時《じ》間《かん》。

❺ ゆう名な　□《が》家《か》の　絵《え》。

❻ □《と》書《しょ》室《しつ》で　本を　かりる。

□もん　正かい！　まん点《てん》になるまでおさらいしよう！

答えは125ページ

月　日

40　4のだんの 九九

タイムアタック目標5分
分　秒

★ つぎの 計算《けいさん》を しましょう。

❶ 4×2＝□　❷ 4×4＝□

❸ 4×8＝□　❹ 4×6＝□

❺ 4×3＝□　❻ 4×1＝□

❼ 4×7＝□　❽ 4×5＝□

❾ 4×9＝□　❿ 4×6＝□

⓫ 4×5＝□　⓬ 4×8＝□

⓭ 4×9＝□　⓮ 4×2＝□

□もん 正かい！ まん点《てん》になるまでおさらいしよう！

答えは
125ページ

月　日

41 学校生活
算数引記

タイムアタック 目標5分

分　秒

読もう

❶ 計《けい》算（　　）の テスト。

❷ 二けたの 数（　　）。

❸ うんどう会《かい》の つな引（　　）き。

❹ 毎《まい》日 日記（　　）を 書《か》く。

❺ まい数（　　）を 数（　　）える。

書こう

❶ □《かず》を □《かぞ》える。

❷ 九九を あん□《き》する。

❸ □《ひ》き□《ざん》を ならう。

❹ 学校新聞《しんぶん》の □《き》じ。

❺ ひっ□《さん》の れんしゅう。

❻ かん□《すう》字で 書《か》く。

□ もん 正かい！ まん点《てん》になるまでおさらいしよう！

答えは125ページ

月　日

41 計算の まとめ⑤ 九九

タイムアタック 目標5分

分　秒

★ つぎの もんだいに 答《こた》えましょう。

れいだい

❶ 1はこに おかしが 4こずつ 入《はい》って います。3はこでは、おかしは 何《なん》こに なりますか。

しき 4 × 3 =　　　答え □ こ

1つ分《ぶん》の 数《かず》　いくつ分　ぜんぶの 数

❷ あめを 1人《ひとり》に 3こずつ 8人に くばります。あめは、ぜんぶで 何こ いりますか。

しき □　　　答え □ こ

❸ 1つの 長《なが》いすに 5人ずつ すわります。長いすは 9つ あります。みんなで 何人 すわれますか。

しき □　　　答え □ 人

❹ 1つの さらに ももが 2こずつ あります。7さらでは、ももは 何こに なりますか。

しき □　　　答え □ こ

□もん 正かい！まん点《てん》になるまでおさらいしよう！

答えは 125ページ

月　日

42 かん字の まとめ ⑥

タイムアタック 目標5分
分　秒

読もう

❶ 弱点《てん》を　こくふくする。（　　）

❷ なか直りが　できた。（　　）

❸ 元日から　はじめる。（　　）

❹ し合《あい》の　前半《はん》。（　　）

❺ 正直に　話《はな》す。（　　）

書こう

❶ □□《ちょうほう》形《けい》の　つみ木。

❷ くじ□《び》きで　きめる。

❸ 大□《く》の　しごと。

❹ すきな　科《か》目は　□□《さんすう》です。

❺ ざっ草を　ね□《もと》から　ぬく。

❻ えい□《が》を　見る。

□もん 正かい！ まん点《てん》になるまでおさらいしよう！

答えは125ページ

月　日

42 6のだんの 九九

タイムアタック 目標5分

分　秒

★ つぎの 計算《けいさん》を しましょう。

❶ 6×5=□　❷ 6×4=□

❸ 6×1=□　❹ 6×6=□

❺ 6×8=□　❻ 6×2=□

❼ 6×3=□　❽ 6×7=□

❾ 6×4=□　❿ 6×9=□

⓫ 6×7=□　⓬ 6×1=□

⓭ 6×2=□　⓮ 6×8=□

□もん 正かい！ まん点《てん》になるまでおさらいしよう！

答えは125ページ

43 のりもの

船　汽　台　万

タイムアタック目標5分　分　秒

読もう

❶ 船（　　）が 通《とお》る。

❷ 汽車（　　）に のる。

❸ 台車（　　）で はこぶ。

❹ 何《なん》万人（　　）も り用《よう》する。

❺ ごうかきゃく船（　　）。

書こう

❶ に□《だい》に のせる。

❷ □《せん》長《ちょう》に なりたい。

❸ 一□《まん》円を ちょ金する。

❹ 百□□《まんだい》の 自《じ》どう車。

❺ □《ふね》で むこうぎしまで わたる。

❻ □《き》てきを 鳴《な》らす。

□ もん 正かい！ まん点《てん》になるまでおさらいしよう！

答えは125ページ

月　日

43 7のだんの 九九

タイムアタック 目標 5分

分　秒

★ つぎの 計算《けいさん》を しましょう。

❶ 7×5＝

❷ 7×7＝

❸ 7×2＝

❹ 7×4＝

❺ 7×8＝

❻ 7×3＝

❼ 7×6＝

❽ 7×9＝

❾ 7×7＝

❿ 7×1＝

⓫ 7×4＝

⓬ 7×8＝

⓭ 7×2＝

⓮ 7×6＝

もん 正かい！ まん点《てん》になるまでおさらいしよう！

答えは 125ページ

44 時 午 前 後 何

タイムアタック 目標 5分

分　　秒

読もう

❶ 正午（　　）を 知《し》らせる 音。

❷ 今《いま》 何（　　）時《じ》ですか。

❸ 前（　　）半《はん》と 後（　　）半。

❹ 後（　　）ほど 行《い》きます。

❺ よていが 何（　　）も ない。

書こう

❶ □《ご》□《ぜん》 十時。

❷ □《のち》に ゆう名に なった。

❸ □《なん》日も まった。

❹ □《ご》□《ご》からの よてい。

❺ 明日《あす》は □《なに》を しますか。

❻ □《なん》才《さい》に なりましたか。

□もん 正かい！ まん点《てん》になるまでおさらいしよう！

答えは 126ページ

月　日

44 8のだんの 九九

タイムアタック目標5分

分　秒

★ つぎの 計算《けいさん》を しましょう。

❶ 8×3=

❷ 8×5=

❸ 8×9=

❹ 8×2=

❺ 8×6=

❻ 8×4=

❼ 8×1=

❽ 8×7=

❾ 8×8=

❿ 8×4=

⓫ 8×7=

⓬ 8×6=

⓭ 8×3=

⓮ 8×8=

もん 正かい！ まん点《てん》になるまでおさらいしよう！

答えは126ページ

月　日

45 家ぞく
父 母 親 自

タイムアタック 目標 5分
分　秒

読もう

❶ 父（　）と 母（　）は るすです。

❷ お父（　）さんと お母（　）さん。

❸ 親（　）子で さんかする。

❹ 自（　）分《ぶん》から 親（　）切《せつ》に する。

❺ そ父母（　）に 会《あ》いに 行く。

書こう

❶ お□《とう》さんの たん生日だ。

❷ りょう□《しん》に かんしゃする。

❸ □《じ》まんの お□《かあ》さん。

❹ □《はは》が 作《つく》った ジャム。

❺ □□《ふぼ》の 会《かい》。

❻ □□《ちちおや》と 話《はな》す。

□もん 正かい！まん点《てん》になるまでおさらいしよう！

答えは
126ページ

月　日

45 9のだんの 九九

タイムアタック 目標5分

分　秒

★ つぎの 計算《けいさん》を しましょう。

❶ 9×2=

❷ 9×9=

❸ 9×5=

❹ 9×7=

❺ 9×8=

❻ 9×4=

❼ 9×3=

❽ 9×6=

❾ 9×1=

❿ 9×8=

⓫ 9×4=

⓬ 9×7=

⓭ 9×9=

⓮ 9×3=

もん 正かい！ まん点《てん》になるまでおさらいしよう！

答えは
126ページ

月　日

46

学校生活

絵　用　紙　楽

タイムアタック目標5分

分　秒

読もう

❶ 絵を　かくのは　楽しい。

❷ 作文用紙に　書《か》く。

❸ 白い　紙が　ほしい。

❹ 音楽の　じゅぎょう。

❺ 友《とも》だちへの　手紙。

書こう

❶ かい答《とう》□□《ようし》を　くばる。

❷ 音□《がく》会《かい》の　れんしゅう。

❸ □《え》本を　読《よ》む。

❹ 先生に　□《かみ》を　もらう。

❺ 休み時間《じかん》を　□《たの》しむ。

❻ おり□《がみ》で　かざりを　作《つく》る。

□もん　正かい！　まん点《てん》になるまでおさらいしよう！

答えは126ページ

月　日

46 1のだんの 九九

タイムアタック目標5分

分　秒

★ つぎの 計算《けいさん》を しましょう。

❶ 1×1＝

❷ 1×5＝

❸ 1×7＝

❹ 1×9＝

❺ 1×2＝

❻ 1×6＝

❼ 1×8＝

❽ 1×3＝

❾ 1×4＝

❿ 1×9＝

⓫ 1×7＝

⓬ 1×6＝

⓭ 1×3＝

⓮ 1×1＝

もん 正かい！ まん点《てん》になるまでおさらいしよう！

答えは126ページ

月　日

47 家ぞく 兄弟姉妹

タイムアタック 目標5分　分　秒

読もう

❶ 兄が 一人 いる。

❷ 弟は 一年生だ。

❸ 姉と 妹。

❹ 三人兄弟の 長《ちょう》男。

❺ お兄さんと お姉さん。

書こう

❶ □《あね》が ダンスを する。

❷ □《いもうと》に なわとびを 教《おし》える。

❸ □《おとうと》は 算数《さんすう》が とくいだ。

❹ 近《きん》じょの お□《ねえ》さん。

❺ たよれる □《あに》。

❻ いとこの お□《にい》さん。

□ もん 正かい！ まん点《てん》になるまでおさらいしよう！

答えは126ページ

月　日

47 計算の まとめ⑥ 九　九

タイムアタック目標5分
分　秒

★ つぎの もんだいに 答《こた》えましょう。

れいだい

❶ 1まい 8円の 画用紙《がようし》を 6まい 買《か》います。
ぜんぶで 何円《なんえん》に なりますか。

しき 8 × 6 = 　　答え □ 円

1つ分の 数《かず》　いくつ分　ぜんぶの 数

❷ 本を 1日に 9ページずつ 読《よ》みます。7日間《かん》では、何ページ 読むことに なりますか。

しき □　　答え □ ページ

❸ 長《なが》さが 7cmの テープの 5ばいの 長さは、何cmですか。

しき □　　答え □ cm

❹ 子どもが 3人 います。1人《ひとり》に ノートを 6さつずつ くばります。ノートは、何さつ いりますか。

しき □　　答え □ さつ

□ もん 正かい！ まん点《てん》になるまでおさらいしよう！

答えは 126ページ

48 かん字の まとめ ⑦

タイムアタック 目標5分
分　秒

読もう

❶ 紙コップで のむ。

❷ 何ども くりかえす。

❸ 台どころに 立つ。

❹ りょ行の 用い。

❺ なかの よい 兄弟。

書こう

❶ □《ちち》の 話《はなし》は □《たの》しい。

❷ □《あね》は □《え》が 上手《じょうず》です。

❸ □《じ》ゆうに 作《さく》文を 書《か》く。

❹ きみと ぼくは □《しん》友《ゆう》だ。

❺ おじいさんの □《まん》年ひつ。

❻ かれの □《ぼ》国《こく》は フランスです。

□ もん 正かい！ まん点《てん》になるまでおさらいしよう！

答えは 126ページ

月　日

48 九九の ひょう

タイムアタック 目標5分
分　秒

★ 下の ひょうの あいている ところに あてはまる 数《かず》を 書《か》きましょう。

かける数

1×5の答《こた》え

かけられる数

	1	2	3	4	5	6	7	8	9
1	1	2	3	4	❶	6	7	8	9
2	2	4	6	8	10	12	14	❷	18
3	3	6	9	❸	15	18	❹	24	27
4	4	❺	12	16	20	❻	28	32	36
5	5	10	15	20	❼	30	35	40	❽
6	❾	12	18	24	30	36	❿	48	54
7	7	⓫	21	28	35	42	49	56	⓬
8	8	16	24	⓭	40	⓮	56	64	72
9	9	18	⓯	36	45	54	63	72	81

□もん 正かい！ まん点《てん》になるまでおさらいしよう！

答えは126ページ

49 学校生活
言　思　考　知

タイムアタック 目標5分
分　秒

読もう

1. 考（　）えて　い見を　言（　）う。
2. 思（　）いやりの　ある　はつ言（　）。
3. 本を　さん考（　）に　する。
4. 知（　）らない　ことを　学ぶ。
5. 知（　）しきが　ふえる。

書こう

1. □《おも》ったら　すぐに　行《こう》どうする。
2. □《かんが》えを　はつ□《げん》する。
3. 人見□《し》りな　せいかく。
4. 何《なに》も　□《い》わない。
5. さん□《こう》書《しょ》で　□《ち》しきを　ふやす。
6. 一を　聞《き》いて　十を　□《し》る。

□もん 正かい！ まん点《てん》になるまでおさらいしよう！

答えは126ページ

月　日

49 九九の きまり ①

タイムアタック目標5分
分　秒

★ □に あてはまる 数《かず》を 書《か》きましょう。

れいだい

❶ $5 \times 4 = 5 \times 3 + \boxed{5}$

	かける数				
	1	2	3	4	
5のだん	5	10	15		

5　5　5

かける数が　1 ふえると、答《こた》えは、かけられる数だけふえる。

❷ $4 \times 6 = 4 \times 5 + \square$

❸ $3 \times 10 = \square$

❹ $7 \times 3 = 7 \times 2 + \square$

❺ $4 \times 11 = \square$

❻ $8 \times 7 = 8 \times 6 + \square$

❼ $3 \times 12 = \square$

❽ $6 \times 2 = 6 \times \square + 6$

❾ $5 \times 10 = \square$

❿ $5 \times 7 = 5 \times \square + 5$

⓫ $7 \times 11 = \square$

⓬ $9 \times \square = 9 \times 3 + 9$

⓭ $5 \times 12 = \square$

□ もん 正かい！ まん点《てん》になるまでおさらいしよう！

答えは
126ページ

50 ようす 遠 近 明 長

タイムアタック 目標5分
分　秒

読もう

❶ 遠（　）くに　遠（　）足に　行《い》く。

❷ 近（　）くの　公園《こうえん》へ　行く。

❸ 近（　）じょの　明（　）るい　子。

❹ 明（　）朝《ちょう》には、明（　）らかに なる。

❺ 長（　）い　夜《よ》が　明（　）ける。

書こう

❶ □《とお》くまで　歩《ある》く。

❷ 夜□《あ》けが　□《ちか》づく。

❸ 答《こた》えは　□《あき》らかだ。

❹ □《きん》き地方《ちほう》に　すむ。

❺ □《えん》方《ぽう》から　おばさんが　来《く》る。

❻ へやが　□《あか》るい。

□ もん 正かい！ まん点《てん》になるまでおさらいしよう！

答えは 126ページ

月　日

50 九九の きまり②

タイムアタック目標 5分

分　秒

★ □に あてはまる 数《かず》を 書《か》きましょう。

れいだい

❶ 7×5＝5× 7

❷ 7×8＝ 8 × 7

かけられる数と
かける数を
入れかえても
答《こた》えは 同《おな》じ

❸ 6×4＝4× □

❹ 4×8＝8× □

❺ 3×7＝ □ × □

❻ 11×5＝ □ × □

❼ 3×11＝ □

❽ 2×12＝ □

❾ 12×4＝ □

❿ 13×3＝ □

⓫ 答えが 16に なる 九九を 3つ 書きましょう。

□ × □ 、 □ × □ 、 □ × □

□ もん 正かい！ まん点《てん》になるまでおさらいしよう！

答えは 126ページ

月　日

51 学校生活
歌 合 同 答

タイムアタック 目標5分
分　秒

読もう

❶ うつくしい 歌（　）声《ごえ》。

❷ いきの 合（　）った 合（　）そう。

❸ 同（　）じ 教室《きょうしつ》を 合同（　）で つかう。

❹ 答（　）えを 答（　）あん用紙《ようし》に 書《か》く。

❺ 歌手（　）に なりたい。

書こう

❶ 気の □《あ》う 友《とも》だち。

❷ かい □《とう》 用紙《ようし》を わたす。

❸ □《がっ》しょうコンクール。

❹ しつもんに □《こた》える。

❺ 校 □《か》 を □《うた》 う。

❻ 二人 □《どう》 時《じ》に □《ごう》 かくする。

□ もん 正かい！ まん点《てん》になるまでおさらいしよう！

答えは 127ページ

51 計算の まとめ⑦
九 九

タイムアタック目標5分
分　秒

★ まん中の 数《かず》と まわりの 数を かけましょう。
3×2の 答《こた》えを 書《か》きます。

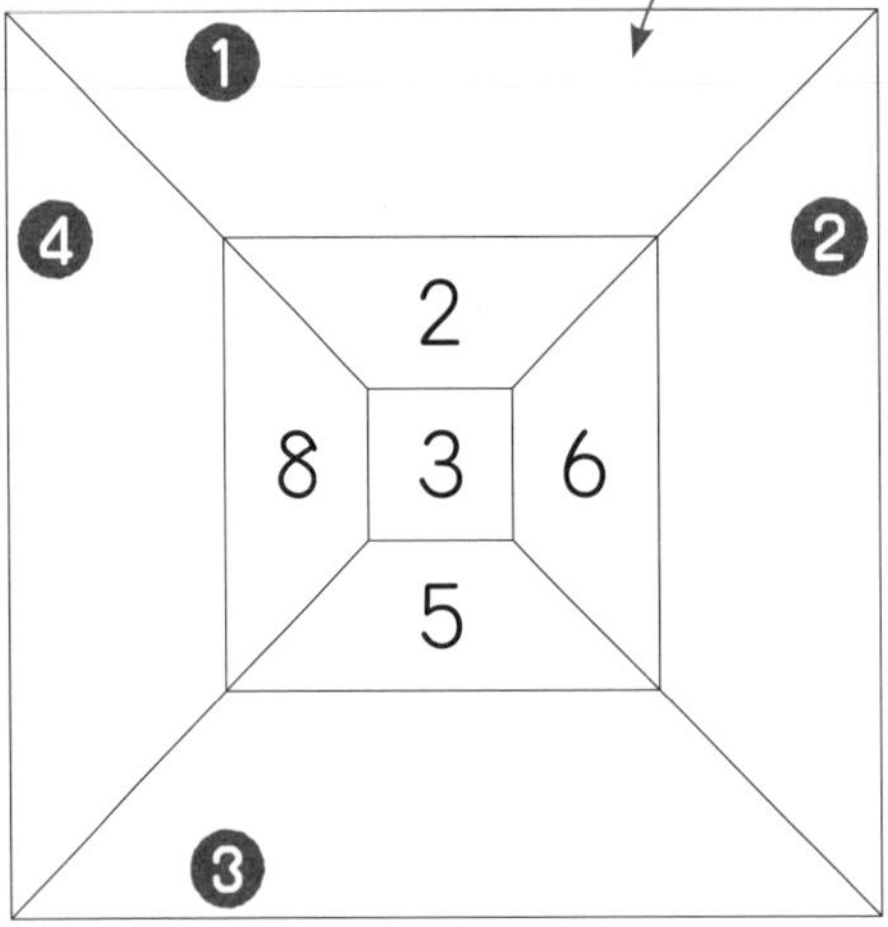

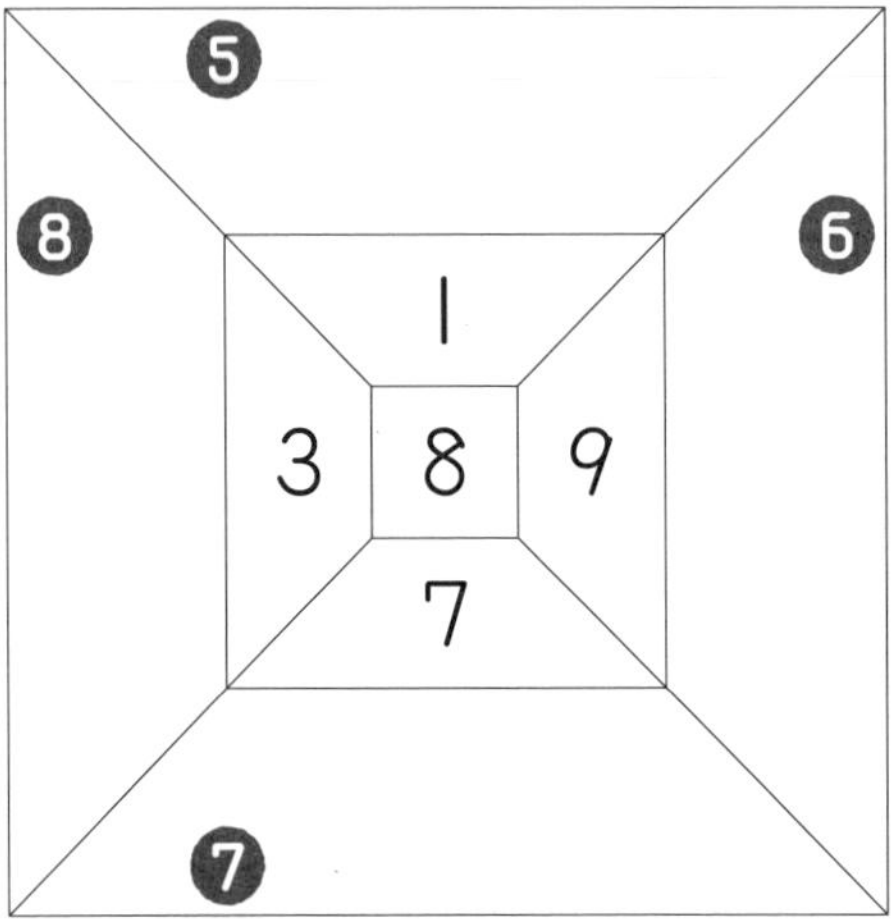

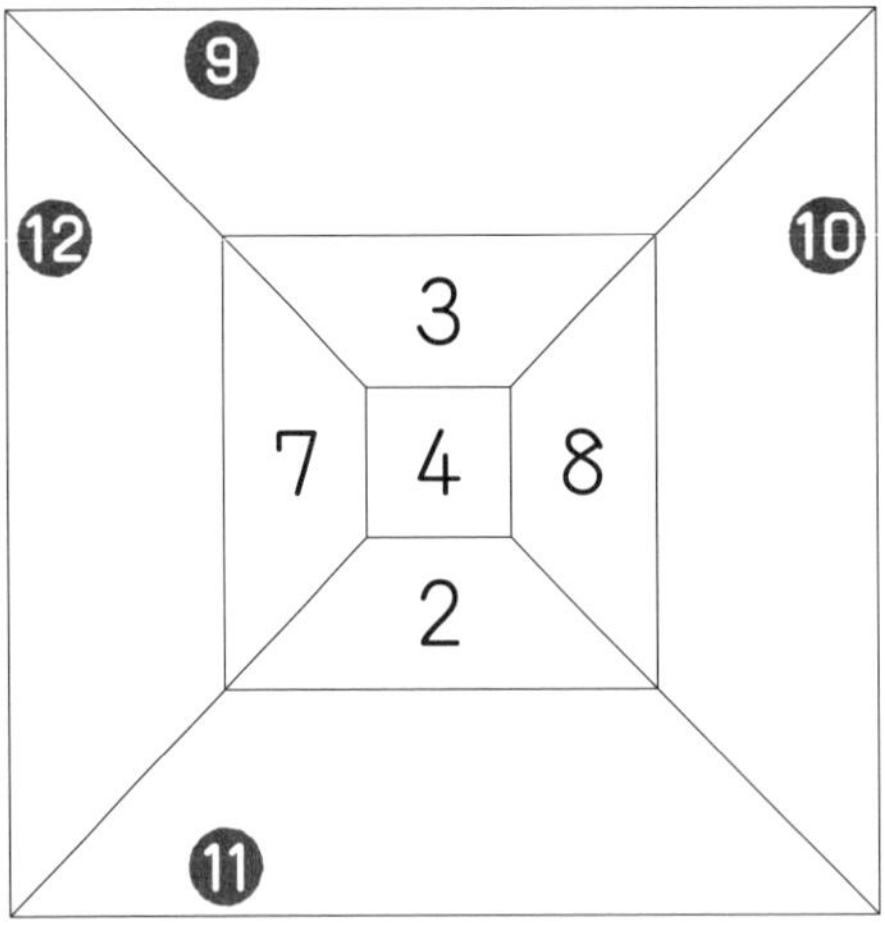

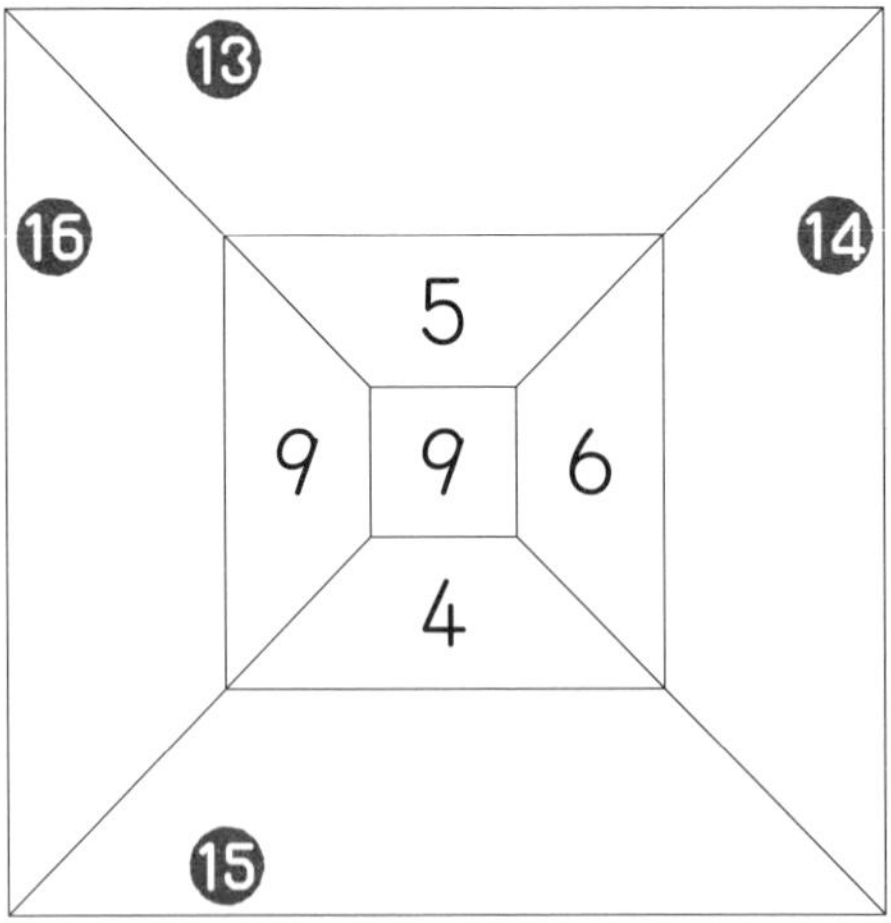

□もん 正かい！ まん点《てん》になるまでおさらいしよう！

答えは127ページ

月　日

52 場しょ 谷 里 京 寺

タイムアタック 目標5分

分　秒

読もう

① 谷（　　）ぞこを 見下ろす。

② 里（　　）いもを にる。

③ 東京（　　）へ 行《い》く。

④ お寺（　　）の おぼうさん。

⑤ 谷（　　）川ぞいに 歩《ある》く。

書こう

① ゆう名な お□《てら》。

② 人□《ざと》を はなれた ところ。

③ 車に のって 上□《きょう》する。

④ 新《しん》かん線《せん》で □《さと》帰《がえ》りを する。

⑤ □《きょう》との じん社《じゃ》や □《てら》。

⑥ 人生 山あり □《たに》ありだ。

□もん 正かい！ まん点《てん》になるまでおさらいしよう！

答えは127ページ

月　日

52 1000より 大きい 数①

タイムアタック目標5分
分　秒

★ □に あてはまる 数《かず》を 書《か》きましょう。

れいだい

❶ 1000を　2こ、100を　3こ、10を　1こ、
1を　4こ　あわせた　数は **2314** です。

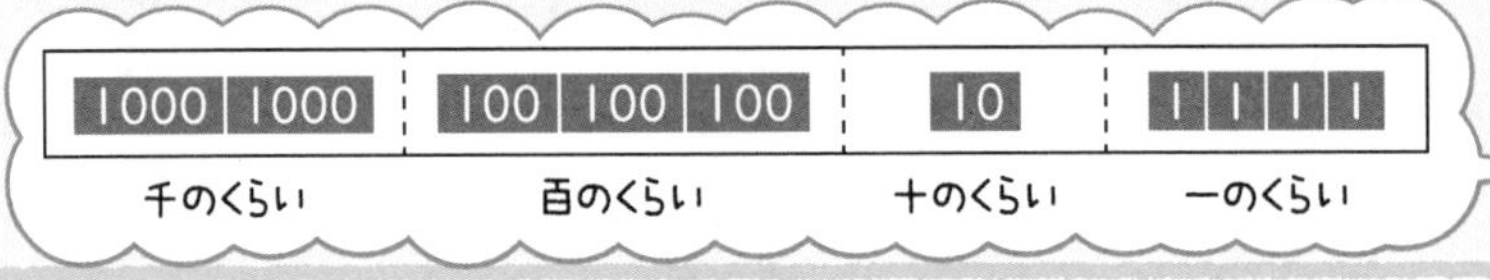

❷ 1000を　8こ、100を　5こ、10を　9こ、1を
3こ　あわせた　数は □ です。

❸ 1000を　5こ、100を　7こ、1を　6こ　あわせ
た　数は □ です。

❹ 4629は、1000を □ こ、100を □ こ、
10を □ こ、1を □ こ　あわせた　数です。

❺ 7060は、1000を □ こ、10を □
こ　あわせた　数です。

□もん 正かい！ まん点《てん》になるまでおさらいしよう！

答えは
127ページ

月　日

53 場しょ 家 帰 交 道

タイムアタック 目標5分　分　秒

読もう

❶ 一けん家（　）の 前《まえ》の 道（　）ろ。

❷ 早く 家（　）に 帰（　）ろう。

❸ 交（　）さ点《てん》を わたる。

❹ 広《ひろ》い 道（　）に 出る。

❺ じっ家（　）に 帰（　）せいする。

書こう

❶ □《いえ》に むかう □《みち》。

❷ □《こう》番《ばん》の おまわりさん。

❸ おうだん歩《ほ》□《どう》を わたろう。

❹ わが□《や》は 四人□《か》ぞくです。

❺ りょ行《こう》から□《かえ》る。

❻ □《き》たくが おそく なる。

□もん 正かい！ まん点《てん》になるまでおさらいしよう！

答えは127ページ

月　日

53 1000より 大きい 数②

タイムアタック 目標5分

分　秒

★ □に あてはまる 数《かず》を 書《か》きましょう。

れいだい

❶ 100を 26こ あつめた 数は 2600 です。

100が → 20こで 2000
　　　→ 6こで 600 } あわせて → 2600

❷ 100を 40こ あつめた 数は □ です。

❸ 100を 73こ あつめた 数は □ です。

❹ 6000は、100を □ こ あつめた 数です。

❺ 8200は、100を □ こ あつめた 数です。

❻ 1000を 10こ あつめた 数は □ です。

❼ 10000は、100を □ こ あつめた 数です。

□ もん 正かい！ まん点《てん》になるまでおさらいしよう！

答えは 127ページ

月　日

54 学校生活
組友当番

タイムアタック目標5分
分　秒

読もう

❶ 同《おな》じ組の親《しん》友。（　）（　）

❷ 新《あたら》しい友だち。（　）

❸ 先生に当てられる。（　）

❹ ぜん力でとり組む。（　）

❺ きゅう食《しょく》当番。（　）

書こう

❶ □《ゆう》人を家《いえ》に しょうたいする。

❷ 図形《ずけい》を□《く》み合《あ》わせる。

❸ □□《とうばん》に□《あ》たる。

❹ □《とも》だちと同じ□《くみ》に なる。

❺ 先生が時間《じかん》わりを□《く》む。

❻ 出せき□《ばん》ごうを かくにんする。

□もん 正かい！ まん点《てん》になるまでおさらいしよう！

答えは127ページ

月　日

54　1000より 大きい 数③

タイムアタック 目標5分
分　秒

★ □に あてはまる 数《かず》を 書《か》きましょう。

れいだい

いちばん 小さい
1めもりは 100を あらわす。

❶ 2400

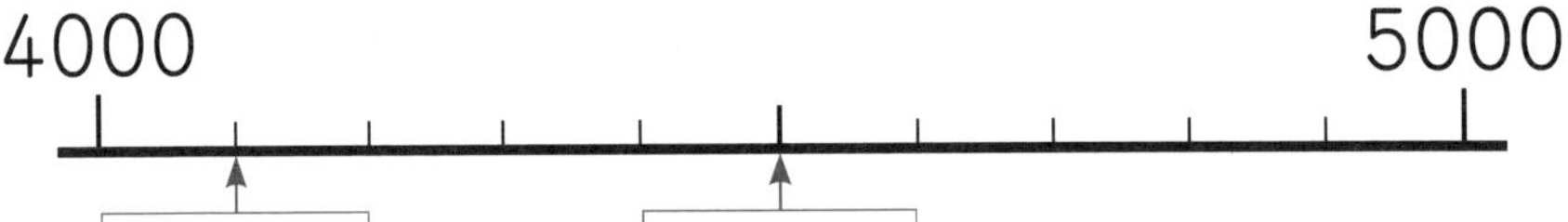

❷ □　❸ □

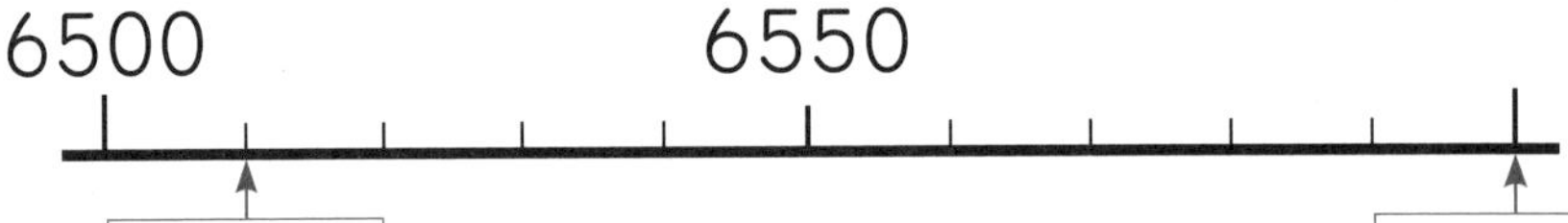

❹ □　❺ □

❻ □　❼ □

□もん 正かい！ まん点《てん》になるまでおさらいしよう！

答えは
127ページ

55 かん字の まとめ ⑧

タイムアタック 目標5分
分　秒

読もう

❶ どうぶつが 里（　　）に おりて くる。

❷ すきな テレビ番組（　　）。

❸ 明（　　）かりが つく。

❹ わたしが せつ明（　　）します。

❺ 家（　　）来《らい》を したがえる。

書こう

❶ ビルの □《たに》間《ま》。

❷ □《か》ぞくを 大切《せつ》に する。

❸ □《みち》草を しながら □《かえ》る。

❹ □《こう》たいで 見はりを する。

❺ □《ごう》□《どう》の じゅぎょう。

❻ □《し》り□《あ》いの おじさん。

□ もん 正かい！ まん点《てん》になるまでおさらいしよう！

答えは128ページ

月　日

55 1000より 大きい 数 ④

タイムアタック目標5分
分　秒

★ □に あてはまる >、<を 書《か》きましょう。

れいだい

❶ 6500 [>] 5600

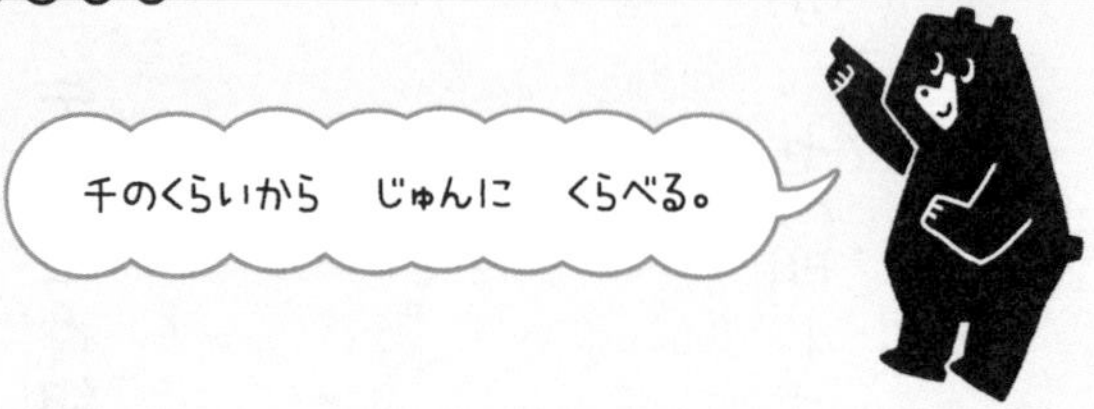

❷ 2100 □ 1900　❸ 3460 □ 3580

❹ 7259 □ 7592　❺ 8126 □ 8124

❻ 5289 □ 5290　❼ 4010 □ 4101

❽ 3045 □ 3405　❾ 6100 □ 6099

❿ 10000 □ 1000　⓫ 9999 □ 10000

□もん 正かい！ まん点《てん》になるまでおさらいしよう！

答えは 128ページ

56　2年の　まとめ①

タイムアタック 目標5分
分　秒

読もう

❶ 夏《なつ》まつりの　夜。

❷ 細長い　ペン。

❸ 直角三角形。

❹ 親切な　上きゅう生。

❺ 汽船に　のる。

書こう

❶ □《き》□《いろ》い　チョーク。

❷ さい□《きん》　買《か》った　本。

❸ □《きょう》会《かい》の　かねが　□《な》る。

❹ かぜの　□《おとうと》を　□《しん》ぱいする。

❺ 日本で　生□《かつ》して　いる。

❻ □《さっ》□《か》に　なるのが　ゆめだ。

□もん 正かい！ まん点《てん》になるまでおさらいしよう！

答えは128ページ

月　日

56 大きな 数の 計算

タイムアタック 目標 5分

分　秒

★ つぎの 計算《けいさん》を しましょう。

れいだい

❶ 800+400= 1200　　❷ 600+500= ☐

❸ 500+900= ☐　　❹ 600+700= ☐

❺ 900+200= ☐　　❻ 800+500= ☐

❼ 600+600= ☐　　❽ 800+800= ☐

❾ 900+800= ☐　　❿ 600+900= ☐

⓫ 800+600= ☐　　⓬ 900+900= ☐

☐ もん 正かい！ まん点《てん》になるまでおさらいしよう！

答えは 128ページ

57 2年の まとめ②

タイムアタック 目標5分
分　秒

読もう

❶ 鳥が 元気《げんき》よく 鳴く。

❷ けんこうな 心と 体。

❸ 朝食を とる。

❹ 多少の さが 出る。

❺ 話を しっかり 聞く。

書こう

❶ □□《かいしゃ》の 前《まえ》を 通《とお》る。

❷ しん□□《かいぎょ》を さがす。

❸ □《ち》いきの せいそう。

❹ 天□《さい》てきな わざ。

❺ □《はる》の 七草。

❻ □□《のはら》に ふく □《かぜ》。

□ もん 正かい！ まん点《てん》になるまでおさらいしよう！

答えは128ページ

月　　日

57 長さの 計算②

タイムアタック 目標5分
分　　秒

★ □に あてはまる 数《かず》を 書《か》きましょう。

れいだい

❶ 125cm＝ 1 m 25 cm

100cmと 25cmを あわせた 長《なが》さ

1m = 100cm

❷ 6m＝□cm

❸ 500cm＝□m

❹ 1m80cm＝□cm

❺ 405cm＝□m□cm

❻ 1m30cm+2m＝□m□cm

❼ 8m50cm－2m＝□m□cm

❽ 10m40cm－5m＝□m□cm

□もん 正かい！ まん点《てん》になるまでおさらいしよう！

答えは 128ページ

月　　日

58 2年の まとめ③

タイムアタック目標5分

分　　秒

読もう

❶ 戸（　　）を たたく 音（　　）。

❷ 新（　　）しい 校（　　）しゃ。

❸ 広（　　）こくを 広（　　）げる。

❹ 売店（　　）で お茶（　　）を 買（　　）う。

❺ 米（　　）と 麦（　　）。

書こう

❶ □《まる》い □《かたち》。

❷ □□□《がいこくご》を 学ぶ。

❸ □《や》を はなつ。

❹ □《うま》の むれ。

❺ うつくしい □《ゆき》の けっしょう。

❻ □□《こんしゅう》の 目ひょう。

□もん 正かい！ まん点《てん》になるまでおさらいしよう！

答えは128ページ

月　日

58 計算の まとめ⑧ 長さ

タイムアタック 目標5分
分　秒

★ つぎの 計算《けいさん》を しましょう。

❶ 3cm2mm＋5cm＝

❷ 2cm7mm+8mm＝

❸ 1cm6mm－2mm＝

❹ 6cm－4mm＝

❺ 3cm1mm－1cm9mm＝

❻ 2cm9mm+5cm1mm＝

❼ 2m10cm+3m＝

❽ 10m20cm－6m＝

❾ 4m70cm－1m＝

❿ 5m90cm+5m＝

□もん 正かい！ まん点《てん》になるまでおさらいしよう！

答えは128ページ

2年の　まとめ ④

月　日

タイムアタック 目標5分　分　秒

読もう

❶ 東西南北。

❷ 時計を　見る。

❸ 何万年も　むかし。

❹ 用紙を　うけとる。

❺ 兄弟で　出かける。

書こう

❶ □□《きょうしつ》に　入る。

❷ □《ほし》の　かんさつを　する。

❸ □□《にくしょく》どうぶつ。

❹ □□《こうえん》で　あそぶ。

❺ 空を　あつい　□《くも》が　おおう。

❻ □□《りか》の　じっけん。

□もん 正かい！ まん点《てん》になるまでおさらいしよう！

答えは128ページ

59 分数

タイムアタック目標5分
分　秒

★ 色《いろ》の　ついた　ところは　もとの　大きさの　何分《なんぶん》の一ですか。分数《ぶんすう》で　あらわしましょう。

れいだい

❶

$\frac{1}{2}$

❷
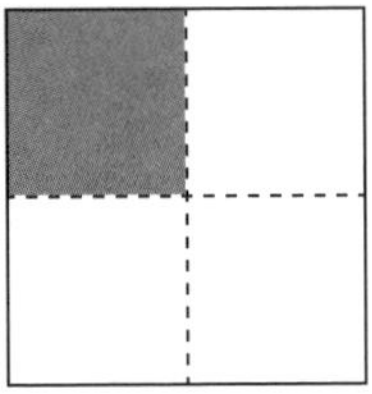

❸
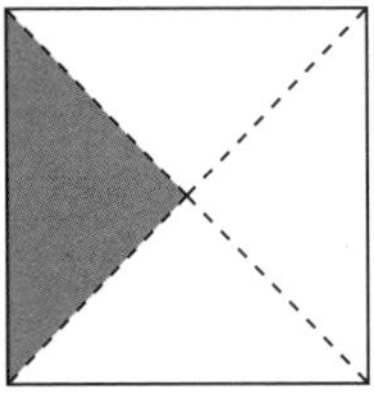

❹
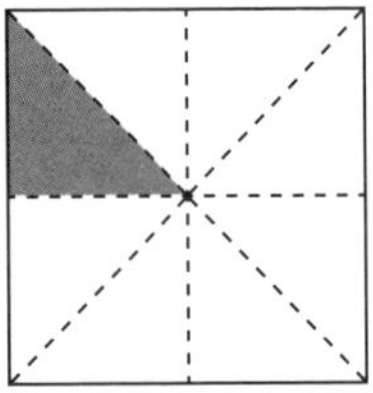

❺
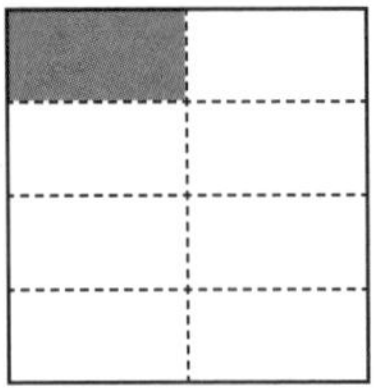

□ もん 正かい！まん点《てん》になるまでおさらいしよう！

答えは
128ページ

答え

1 かんじ 読み ①みぎて ②あめ ③じゅうえんだま ④おう ⑤はなび

書き ①貝 ②学校 ③青空 ④虫 ⑤字 ⑥竹

計算 ①5 ②6 ③10 ④7 ⑤8 ⑥9 ⑦4 ⑧8 ⑨9 ⑩10 ⑪7 ⑫8 ⑬9 ⑭10

2 かんじ 読み ①ゆうひ ②てんき、み ③はちがつむいか ④くるま ⑤せんせい

書き ①気、出 ②村 ③耳 ④木 ⑤正 ⑥男、子

計算 ①3 ②1 ③5 ④6 ⑤4 ⑥2 ⑦1 ⑧6 ⑨0 ⑩3 ⑪5 ⑫1 ⑬3 ⑭8

3 かんじ 読み ①にねんせい ②せんにん ③はや ④よっ ⑤に、あ

書き ①石 ②犬、三 ③山、出 ④川 ⑤文 ⑥田

計算 ①9 ②10 ③18 ④19 ⑤2 ⑥7 ⑦9 ⑧5 ⑨7 ⑩18 ⑪10 ⑫5 ⑬6 ⑭7

4 かんじ 読み ①くさ ②もく ③おお、な ④みず ⑤おと

書き ①日、本 ②力 ③口 ④左 ⑤足、出 ⑥町

計算 ①12 ②15 ③17 ④11 ⑤14 ⑥12 ⑦11 ⑧16 ⑨13 ⑩14 ⑪11 ⑫18 ⑬12 ⑭14

5 かんじ 読み ①ごほん ②はやし、やす ③じ ④くがつ ⑤あか、つち

書き ①車 ②一、七日 ③白 ④月 ⑤中 ⑥百

計算 ①8 ②3 ③9 ④6 ⑤5 ⑥8 ⑦7 ⑧9 ⑨5 ⑩7 ⑪8 ⑫6 ⑬7 ⑭3

6 かんじ 読み ①いと ②もり ③かね ④ちい ⑤た

書き ①月、日 ②下 ③耳 ④女、人 ⑤入 ⑥雨

計算 ①50 ②100 ③30 ④90 ⑤46 ⑥78 ⑦30 ⑧60 ⑨97 ⑩53 ⑪84 ⑫78 ⑬25 ⑭59

7 かんじ 読み ①からだ ②しん ③こころ、こえ ④け ⑤たい

書き ①心 ②体、体 ③声 ④心 ⑤心 ⑥毛

計算 ①80 ②90 ③1、40 ④24 ⑤7時《じ》20分《ぷん》 ⑥9時20分 ⑦9時 ⑧7時50分

8 かんじ 読み ①さかな ②はね ③ぎょ ④とり、な ⑤ちょう、は

書き ①鳴 ②鳴 ③魚 ④鳥、羽

⑤鳥　⑥羽

計算 ①50　②61　③30　④40　⑤90　⑥33　⑦46　⑧84　⑨52　⑩76　⑪60　⑫93

9 **かんじ** 読み ①のはら、や　②せい、かぜ　③は　④げん　⑤ふう

書き ①野　②原、風　③晴　④野　⑤風　⑥原

計算 ①26　②37　③48　④64　⑤81　⑥19　⑦57　⑧75　⑨24　⑩48　⑪69　⑫52

10 **かんじ** 読み ①はる、なつ　②あき、ふゆ　③しゅん、しゅう　④か　⑤とう

書き ①春　②夏　③秋　④冬　⑤夏　⑥春

計算

① $\begin{array}{r} 45 \\ +23 \\ \hline 68 \end{array}$　② $\begin{array}{r} 2 \\ +64 \\ \hline 66 \end{array}$

③ $\begin{array}{r} 21 \\ +16 \\ \hline 37 \end{array}$　④ $\begin{array}{r} 34 \\ +52 \\ \hline 86 \end{array}$　⑤ $\begin{array}{r} 60 \\ +31 \\ \hline 91 \end{array}$

⑥ $\begin{array}{r} 74 \\ +5 \\ \hline 79 \end{array}$　⑦ $\begin{array}{r} 3 \\ +45 \\ \hline 48 \end{array}$　⑧ $\begin{array}{r} 4 \\ +50 \\ \hline 54 \end{array}$

11 **かんじ** 読み ①あさ、あいだ　②ちゅう、ひる　③ま、よる　④ちょう　⑤やかん

書き ①間　②昼　③朝　④夜　⑤夜　⑥朝

計算

① $\begin{array}{r} 26 \\ +38 \\ \hline 64 \end{array}$　② $\begin{array}{r} 31 \\ +9 \\ \hline 40 \end{array}$

③ $\begin{array}{r} 35 \\ +19 \\ \hline 54 \end{array}$　④ $\begin{array}{r} 14 \\ +48 \\ \hline 62 \end{array}$　⑤ $\begin{array}{r} 23 \\ +27 \\ \hline 50 \end{array}$

⑥ $\begin{array}{r} 58 \\ +12 \\ \hline 70 \end{array}$　⑦ $\begin{array}{r} 79 \\ +3 \\ \hline 82 \end{array}$　⑧ $\begin{array}{r} 4 \\ +86 \\ \hline 90 \end{array}$

12 **かんじ** 読み ①こころ　②よ　③こえ　④かぜ　⑤げん

書き ①毛　②春夏秋冬　③鳴　④晴　⑤秋、魚　⑥昼

計算

① $\begin{array}{r} 47 \\ +31 \\ \hline 78 \end{array}$　② $\begin{array}{r} 13 \\ +58 \\ \hline 71 \end{array}$

③ $\begin{array}{r} 69 \\ +24 \\ \hline 93 \end{array}$　④ $\begin{array}{r} 36 \\ +54 \\ \hline 90 \end{array}$　⑤ $\begin{array}{r} 47 \\ +16 \\ \hline 63 \end{array}$

⑥ $\begin{array}{r} 58 \\ +40 \\ \hline 98 \end{array}$　⑦ $\begin{array}{r} 41 \\ +9 \\ \hline 50 \end{array}$　⑧ $\begin{array}{r} 6 \\ +29 \\ \hline 35 \end{array}$

⑨ $\begin{array}{r} 7 \\ +63 \\ \hline 70 \end{array}$

13 **かんじ** 読み ①あ　②しゃ　③みせ、てん　④つう、とお、かよ　⑤かい

書き ①通　②社会　③通　④店　⑤会　⑥店

計算

① $\begin{array}{r} 58 \\ -26 \\ \hline 32 \end{array}$　② $\begin{array}{r} 94 \\ -4 \\ \hline 90 \end{array}$

③ $\begin{array}{r} 35 \\ -12 \\ \hline 23 \end{array}$ ④ $\begin{array}{r} 64 \\ -53 \\ \hline 11 \end{array}$ ⑤ $\begin{array}{r} 89 \\ -\ 7 \\ \hline 82 \end{array}$

⑥ $\begin{array}{r} 43 \\ -30 \\ \hline 13 \end{array}$ ⑦ $\begin{array}{r} 78 \\ -68 \\ \hline 10 \end{array}$ ⑧ $\begin{array}{r} 57 \\ -54 \\ \hline 3 \end{array}$

14 かんじ 読み ①ふと ②ほそ、こま ③おお ④すこ、すく ⑤たしょう

書き ①細 ②多 ③太 ④少 ⑤多、少 ⑥少

計算 ① $\begin{array}{r} 42 \\ -27 \\ \hline 15 \end{array}$ ② $\begin{array}{r} 36 \\ -\ 9 \\ \hline 27 \end{array}$

③ $\begin{array}{r} 52 \\ -26 \\ \hline 26 \end{array}$ ④ $\begin{array}{r} 87 \\ -49 \\ \hline 38 \end{array}$ ⑤ $\begin{array}{r} 50 \\ -13 \\ \hline 37 \end{array}$

⑥ $\begin{array}{r} 94 \\ -87 \\ \hline 7 \end{array}$ ⑦ $\begin{array}{r} 57 \\ -\ 8 \\ \hline 49 \end{array}$ ⑧ $\begin{array}{r} 90 \\ -\ 6 \\ \hline 84 \end{array}$

15 かんじ 読み ①ある、まわ ②かい ③わ ④ほ、ある、はな ⑤はなし、き

書き ①回 ②話 ③回 ④話、聞 ⑤歩 ⑥話

計算 ① $\begin{array}{r} 49 \\ -37 \\ \hline 12 \end{array}$ ② $\begin{array}{r} 72 \\ -55 \\ \hline 17 \end{array}$

③ $\begin{array}{r} 35 \\ -16 \\ \hline 19 \end{array}$ ④ $\begin{array}{r} 60 \\ -23 \\ \hline 37 \end{array}$ ⑤ $\begin{array}{r} 87 \\ -84 \\ \hline 3 \end{array}$

⑥ $\begin{array}{r} 93 \\ -89 \\ \hline 4 \end{array}$ ⑦ $\begin{array}{r} 54 \\ -34 \\ \hline 20 \end{array}$ ⑧ $\begin{array}{r} 62 \\ -38 \\ \hline 24 \end{array}$

⑨ $\begin{array}{r} 81 \\ -\ 4 \\ \hline 77 \end{array}$

16 かんじ 読み ①かたち ②てん、せん ③まる ④けい ⑤ぎょう

書き ①丸 ②点 ③形 ④形 ⑤丸、形 ⑥形、線

計算 ① $\begin{array}{r} 73 \\ +16 \\ \hline 89 \end{array}$ ② $\begin{array}{r} 29 \\ +65 \\ \hline 94 \end{array}$

③ $\begin{array}{r} 48 \\ -12 \\ \hline 36 \end{array}$ ④ $\begin{array}{r} 99 \\ -\ 9 \\ \hline 90 \end{array}$ ⑤ $\begin{array}{r} 45 \\ +35 \\ \hline 80 \end{array}$

⑥ $\begin{array}{r} 81 \\ -69 \\ \hline 12 \end{array}$ ⑦ $\begin{array}{r} 8 \\ +56 \\ \hline 64 \end{array}$ ⑧ $\begin{array}{r} 64 \\ -45 \\ \hline 19 \end{array}$

⑨ $\begin{array}{r} 72 \\ -\ 7 \\ \hline 65 \end{array}$

17 かんじ 読み ①こく、きいろ ②くろ ③ちゃいろ ④いろ ⑤しょく

書き ①黒 ②色、色 ③黄 ④茶色 ⑤茶 ⑥黒

計算 ①しき 23+17=40 答《こた》え 40本

②しき 36+18=54 答え 54こ

③しき 53−24=29 答え 29円

④しき 31−19=12 答え 12こ

18 かんじ 読み ①どお ②しょう ③かいしゃ ④まるた ⑤ぶん

書き ①黒 ②回 ③会話 ④茶

⑤点　⑥通
計算 ①5cm9mm
②14cm4mm　③5cm9mm
④10cm　⑤9mm　⑥8cm
⑦5cm1mm　⑧3cm8mm

19 **かんじ** 読み ①くに　②ご、かた
③こく、よ　④か　⑤どくしょ
書き ①書　②国語　③語　④読
⑤読、書　⑥国
計算 ①326　②597　③640
④807　⑤412　⑥903

20 **かんじ** 読み ①でん　②かたな
③ゆみ　④や　⑤とう
書き ①電　②刀　③矢　④刀　⑤電
⑥弓矢
計算

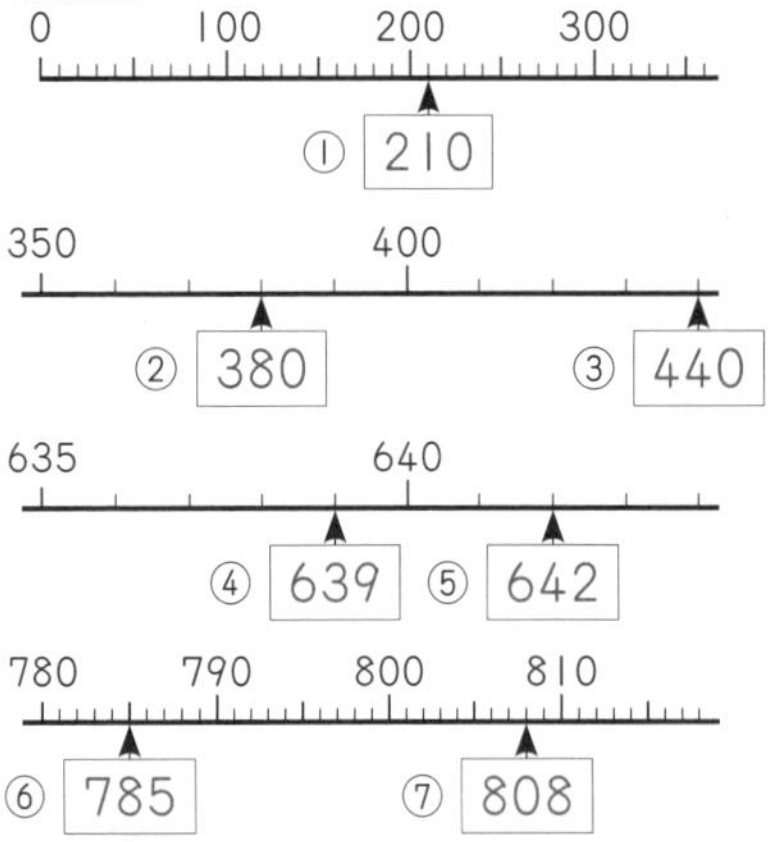

996－997－998－⑧999－⑨1000

21 **かんじ** 読み ①かお、あたま
②しゅ　③くび　④さい　⑤とう
書き ①首、首　②才　③顔　④頭
⑤首、才　⑥頭
計算 ①320　②500　③680
④79　⑤400　⑥1000　⑦900

22 **かんじ** 読み ①うし　②うま
③ば、はし　④とう、うし、そう
⑤ぎゅう
書き ①頭、牛　②牛　③走　④馬
⑤走　⑥馬
計算 ①130　②560　③140
④150　⑤120　⑥110　⑦700
⑧800　⑨1000　⑩950
⑪230　⑫660

23 **かんじ** 読み ①ち、じ
②かい、いわ　③うみ　④ゆき
⑤がん
書き ①海　②岩　③地　④雪、地
⑤岩　⑥海
計算 ①80　②300　③50
④90　⑤60　⑥70　⑦200
⑧600　⑨400　⑩500　⑪300
⑫700

24 **かんじ** 読み ①でん　②ば　③さい
④じ　⑤あたま
書き ①海　②雪国　③読書　④首
⑤国　⑥走
計算 ①110　②90　③500
④700　⑤600　⑥120　⑦1000
⑧200　⑨730　⑩600　⑪130
⑫70　⑬200　⑭300

25 **かんじ** 読み ①いま　②まいしゅう
③よう　④こん　⑤しゅう
書き ①今週　②曜　③週、曜　④毎
⑤今　⑥今

計算 ①＞　②＜　③＞　④＜
⑤＜　⑥＞　⑦＝　⑧＜　⑨＞
⑩＞　⑪＝

26 **かんじ** 読み ①うち　②そと　③もん
④と、はず　⑤がい、ない
書き ①内　②外　③門　④戸　⑤外
⑥内、外
計算 ①10　②100　③1000
④3000　⑤50　⑥200　⑦1
⑧3　⑨1　⑩40　⑪72
⑫2、3

27 **かんじ** 読み ①たか　②ひろ
③あたら、こう　④ふる
⑤しん、こう
書き ①高　②広、広　③古　④高
⑤新　⑥新
計算 ①3L8dL　②4L9dL
③2L4dL　④3L　⑤2L
⑥5L1dL　⑦1L6dL　⑧2L7dL

28 **かんじ** 読み ①う、か　②ばい、き
③らい、い　④く、こ
⑤ぎょう、こう
書き ①売、行　②来　③買　④売
⑤来　⑥来
計算 ①20　②400　③3　④1
⑤4、7　⑥13
⑦3L6dL　⑧2L6dL　⑨1L3dL
⑩6L3dL　⑪1L7dL

29 **かんじ** 読み ①おし　②しつ　③り
④か、おそ　⑤きょうか
書き ①理科　②教室　③教
④理、教　⑤室　⑥科

計算 ①28　②62　③49
④93　⑤67　⑥78　⑦86
⑧61

30 **かんじ** 読み ①まいしゅう　②がい
③おこな　④こん、ぎょう
⑤ばいばい
書き ①門、行　②科　③戸　④理
⑤毎、新　⑥曜
計算 ①27　②39　③76
④68　⑤81　⑥48　⑦79
⑧84

31 **かんじ** 読み ①ひがし　②にし
③みなみ　④きた　⑤とうざいなんぼく
書き ①南東　②西　③南　④東北
⑤北　⑥東
計算
① $\begin{array}{r} 76 \\ +53 \\ \hline 129 \end{array}$　② $\begin{array}{r} 83 \\ +80 \\ \hline 163 \end{array}$

③ $\begin{array}{r} 82 \\ +31 \\ \hline 113 \end{array}$　④ $\begin{array}{r} 95 \\ +42 \\ \hline 137 \end{array}$　⑤ $\begin{array}{r} 63 \\ +65 \\ \hline 128 \end{array}$

⑥ $\begin{array}{r} 23 \\ +85 \\ \hline 108 \end{array}$　⑦ $\begin{array}{r} 40 \\ +79 \\ \hline 119 \end{array}$　⑧ $\begin{array}{r} 55 \\ +50 \\ \hline 105 \end{array}$

32 **かんじ** 読み ①た　②にく　③むぎ
④まい、こめ　⑤しょく
書き ①麦　②米、食　③肉　④食
⑤米、食　⑥米
計算
① $\begin{array}{r} 48 \\ +97 \\ \hline 145 \end{array}$　② $\begin{array}{r} 19 \\ +91 \\ \hline 110 \end{array}$

③ $\begin{array}{r} 67 \\ +\ 89 \\ \hline 156 \end{array}$ ④ $\begin{array}{r} 74 \\ +\ 68 \\ \hline 142 \end{array}$ ⑤ $\begin{array}{r} 32 \\ +\ 98 \\ \hline 130 \end{array}$

⑥ $\begin{array}{r} 47 \\ +\ 54 \\ \hline 101 \end{array}$ ⑦ $\begin{array}{r} 25 \\ +\ 75 \\ \hline 100 \end{array}$ ⑧ $\begin{array}{r} 4 \\ +\ 99 \\ \hline 103 \end{array}$

33 かんじ 読み ①ぶん、とき ②じ、はか ③じはん ④ふん、わ ⑤けい、わ

書き ①半分、分 ②分 ③時 ④計 ⑤時 ⑥計

計算 ① $\begin{array}{r} 9 \\ 23 \\ +\ 16 \\ \hline 48 \end{array}$ ② $\begin{array}{r} 24 \\ 35 \\ +\ 75 \\ \hline 134 \end{array}$

③ $\begin{array}{r} 13 \\ 42 \\ +\ 39 \\ \hline 94 \end{array}$ ④ $\begin{array}{r} 37 \\ 43 \\ +\ 25 \\ \hline 105 \end{array}$ ⑤ $\begin{array}{r} 59 \\ 14 \\ +\ 78 \\ \hline 151 \end{array}$

⑥ $\begin{array}{r} 64 \\ 13 \\ +\ 83 \\ \hline 160 \end{array}$ ⑦ $\begin{array}{r} 46 \\ 50 \\ +\ 28 \\ \hline 124 \end{array}$ ⑧ $\begin{array}{r} 19 \\ 27 \\ +\ 94 \\ \hline 140 \end{array}$

34 かんじ 読み ①いけ、こう ②くも、ひかり ③ほし ④ち、ひか ⑤せい

書き ①星、光 ②池 ③光 ④星 ⑤雲 ⑥池

計算

① $\begin{array}{r} 155 \\ -\ 62 \\ \hline 93 \end{array}$ ② $\begin{array}{r} 133 \\ -\ 41 \\ \hline 92 \end{array}$

③ $\begin{array}{r} 158 \\ -\ 76 \\ \hline 82 \end{array}$ ④ $\begin{array}{r} 124 \\ -\ 83 \\ \hline 41 \end{array}$

⑤ $\begin{array}{r} 117 \\ -\ 70 \\ \hline 47 \end{array}$ ⑥ $\begin{array}{r} 149 \\ -\ 99 \\ \hline 50 \end{array}$

⑦ $\begin{array}{r} 106 \\ -\ 15 \\ \hline 91 \end{array}$ ⑧ $\begin{array}{r} 104 \\ -\ 94 \\ \hline 10 \end{array}$

35 かんじ 読み ①いち ②ば ③こう ④えん、じょう ⑤し

書き ①市場 ②公園 ③公 ④市 ⑤場 ⑥園

計算

① $\begin{array}{r} 134 \\ -\ 78 \\ \hline 56 \end{array}$ ② $\begin{array}{r} 162 \\ -\ 83 \\ \hline 79 \end{array}$

③ $\begin{array}{r} 156 \\ -\ 89 \\ \hline 67 \end{array}$ ④ $\begin{array}{r} 172 \\ -\ 95 \\ \hline 77 \end{array}$

⑤ $\begin{array}{r} 141 \\ -\ 47 \\ \hline 94 \end{array}$ ⑥ $\begin{array}{r} 101 \\ -\ 63 \\ \hline 38 \end{array}$

⑦ $\begin{array}{r} 100 \\ -\ 56 \\ \hline 44 \end{array}$ ⑧ $\begin{array}{r} 103 \\ -\ 4 \\ \hline 99 \end{array}$

36 かんじ 読み ①こめ、く ②くも ③けい ④ひかり ⑤ほし

書き ①分 ②北、星 ③肉食 ④場 ⑤公 ⑥半

計算

① $\begin{array}{r} 324 \\ +\ 69 \\ \hline 393 \end{array}$ ② $\begin{array}{r} 981 \\ -\ 29 \\ \hline 952 \end{array}$

③
$$\begin{array}{r} 467 \\ +\ \ 18 \\ \hline 485 \end{array}$$

④
$$\begin{array}{r} 209 \\ +\ \ 56 \\ \hline 265 \end{array}$$

⑤
$$\begin{array}{r} 25 \\ +\ 135 \\ \hline 160 \end{array}$$

⑥
$$\begin{array}{r} 872 \\ -\ \ 47 \\ \hline 825 \end{array}$$

⑦
$$\begin{array}{r} 645 \\ -\ \ 38 \\ \hline 607 \end{array}$$

⑧
$$\begin{array}{r} 518 \\ -\ \ \ 9 \\ \hline 509 \end{array}$$

37 かんじ 読み ①つよ、よわ ②ちょう ③なが、もと ④げん ⑤きょうじゃく

書き ①元、元 ②弱 ③強 ④弱 ⑤強 ⑥長

計算 ①15 ②25 ③45 ④40 ⑤10 ⑥20 ⑦35 ⑧5 ⑨40 ⑩30 ⑪25 ⑫45 ⑬15 ⑭35

38 かんじ 読み ①ちょく、き ②なお ③と ④かつ、し ⑤せつ

書き ①止 ②切、切 ③活 ④直 ⑤直 ⑥止

計算 ①6 ②10 ③8 ④4 ⑤12 ⑥16 ⑦14 ⑧18 ⑨2 ⑩14 ⑪18 ⑫16 ⑬10 ⑭4

39 かんじ 読み ①かど、ほう ②ぜんご ③まえ、あと ④うし、かた ⑤かく

書き ①角 ②後 ③方 ④後 ⑤前 ⑥後、角

計算 ①15 ②9 ③6 ④12 ⑤3 ⑥18 ⑦24 ⑧27 ⑨21 ⑩12 ⑪27 ⑫21 ⑬9 ⑭15

40 かんじ 読み ①と ②が、かく ③こう、ず ④さく ⑤く、つく

書き ①画 ②作 ③工作 ④図工 ⑤画 ⑥図

計算 ①8 ②16 ③32 ④24 ⑤12 ⑥4 ⑦28 ⑧20 ⑨36 ⑩24 ⑪20 ⑫32 ⑬36 ⑭8

41 かんじ 読み ①さん ②かず ③ひ ④き ⑤すう、かぞ

書き ①数、数 ②記 ③引、算 ④記 ⑤算 ⑥数

計算 ①しき 4×3=12 答《こた》え 12こ

②しき 3×8=24 答え 24こ

③しき 5×9=45 答え 45人

④しき 2×7=14 答え 14こ

42 かんじ 読み ①じゃく ②なお ③がん ④ぜん ⑤しょうじき

書き ①長方 ②引 ③工 ④算数 ⑤元 ⑥画

計算 ①30 ②24 ③6 ④36 ⑤48 ⑥12 ⑦18 ⑧42 ⑨24 ⑩54 ⑪42 ⑫6 ⑬12 ⑭48

43 かんじ 読み ①ふね ②き ③だい ④まん ⑤せん

書き ①台 ②船 ③万 ④万台 ⑤船 ⑥汽

計算 ①35 ②49 ③14 ④28 ⑤56 ⑥21 ⑦42 ⑧63 ⑨49 ⑩7 ⑪28 ⑫56 ⑬14 ⑭42

44 **かんじ** 読み ①ご ②なん ③ぜん、こう ④のち ⑤なに
書き ①午前 ②後 ③何 ④午後 ⑤何 ⑥何
計算 ①24 ②40 ③72 ④16 ⑤48 ⑥32 ⑦8 ⑧56 ⑨64 ⑩32 ⑪56 ⑫48 ⑬24 ⑭64

45 **かんじ** 読み ①ちち、はは ②とう、かあ ③おや ④じ、しん ⑤ふぼ
書き ①父 ②親 ③自、母 ④母 ⑤父母 ⑥父親
計算 ①18 ②81 ③45 ④63 ⑤72 ⑥36 ⑦27 ⑧54 ⑨9 ⑩72 ⑪36 ⑫63 ⑬81 ⑭27

46 **かんじ** 読み ①え、たの ②ようし ③かみ ④がく ⑤がみ
書き ①用紙 ②楽 ③絵 ④紙 ⑤楽 ⑥紙
計算 ①1 ②5 ③7 ④9 ⑤2 ⑥6 ⑦8 ⑧3 ⑨4 ⑩9 ⑪7 ⑫6 ⑬3 ⑭1

47 **かんじ** 読み ①あに ②おとうと ③あね、いもうと ④きょうだい ⑤にい、ねえ
書き ①姉 ②妹 ③弟 ④姉 ⑤兄 ⑥兄
計算 ①しき 8×6=48 答《こた》え 48円
②しき 9×7=63 答え 63ページ
③しき 7×5=35 答え 35cm
④しき 6×3=18 答え 18さつ

48 **かんじ** 読み ①かみ ②なん ③だい ④よう ⑤きょうだい
書き ①父、楽 ②姉、絵 ③自 ④親 ⑤万 ⑥母
計算

かける数

かけられる数

	1	2	3	4	5	6	7	8	9
1	1	2	3	4	①5	6	7	8	9
2	2	4	6	8	10	12	14	②16	18
3	3	6	9	③12	15	18	④21	24	27
4	4	⑤8	12	16	20	⑥24	28	32	36
5	5	10	15	20	⑦25	30	35	40	⑧45
6	⑨6	12	18	24	30	36	⑩42	48	54
7	7	⑪14	21	28	35	42	49	56	⑫63
8	8	16	24	⑬32	40	⑭48	56	64	72
9	9	18	⑮27	36	45	54	63	72	81

49 **かんじ** 読み ①かんが、い ②おも、げん ③こう ④し ⑤ち
書き ①思 ②考、言 ③知 ④言 ⑤考、知 ⑥知
計算 ①5 ②4 ③30 ④7 ⑤44 ⑥8 ⑦36 ⑧1 ⑨50 ⑩6 ⑪77 ⑫4 ⑬60

50 **かんじ** 読み ①とお、えん ②ちか ③きん、あか ④みょう、あき ⑤なが、あ
書き ①遠 ②明、近 ③明 ④近 ⑤遠 ⑥明
計算 ①7 ②8、7 ③6 ④4 ⑤7、3 ⑥5、11 ⑦33 ⑧24 ⑨48 ⑩39 ⑪2×8、4×4、8×2

51 かんじ 読み ①うた ②あ、がっ ③おな、ごうどう ④こた、とう ⑤か

書き ①合 ②答 ③合 ④答 ⑤歌、歌 ⑥同、合

計算

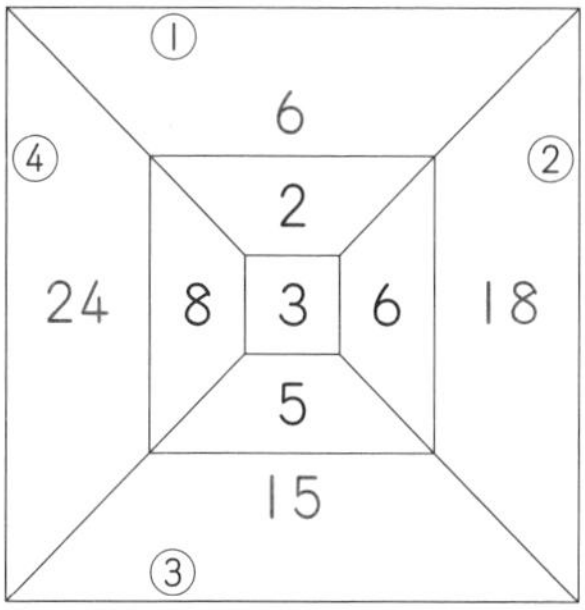

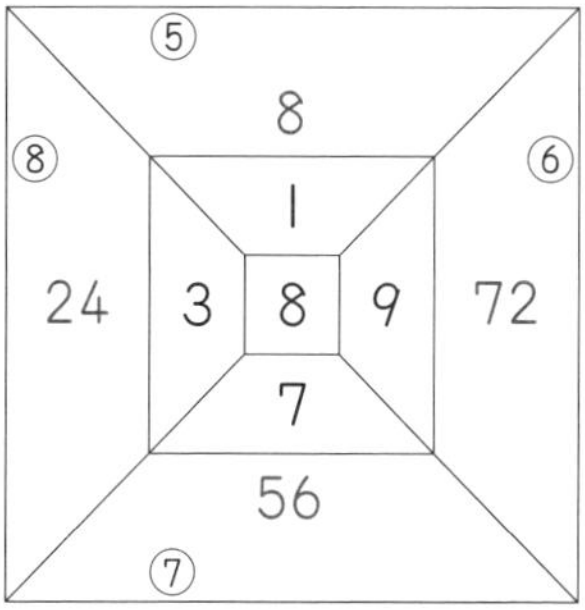

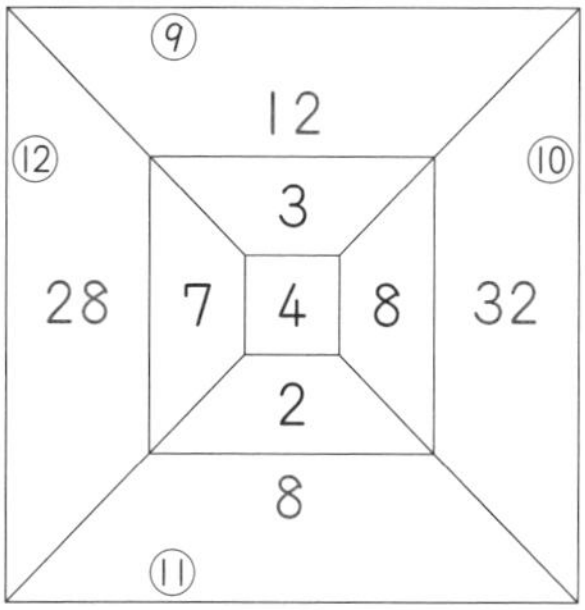

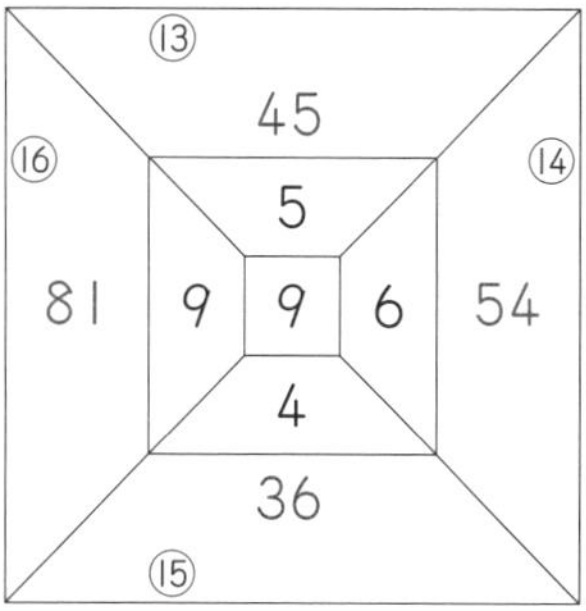

52 かんじ 読み ①たに ②さと ③きょう ④てら ⑤たに

書き ①寺 ②里 ③京 ④里 ⑤京、寺 ⑥谷

計算 ① 2314 ② 8593 ③ 5706 ④ 4、6、2、9 ⑤ 7、6

53 かんじ 読み ①や、どう ②いえ、かえ ③こう ④みち ⑤か、き

書き ①家、道 ②交 ③道 ④家、家 ⑤帰 ⑥帰

計算 ① 2600 ② 4000 ③ 7300 ④ 60 ⑤ 82 ⑥ 10000 ⑦ 100

54 かんじ 読み ①くみ、ゆう ②とも ③あ ④く ⑤とうばん

書き ①友 ②組 ③当番、当 ④友、組 ⑤組 ⑥番

計算

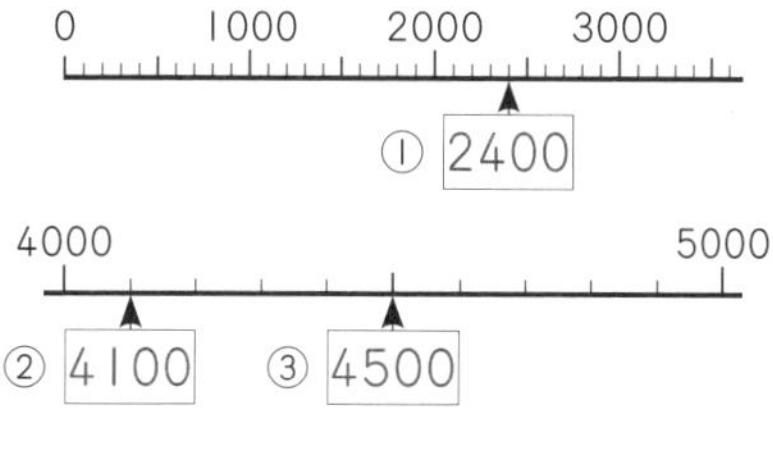

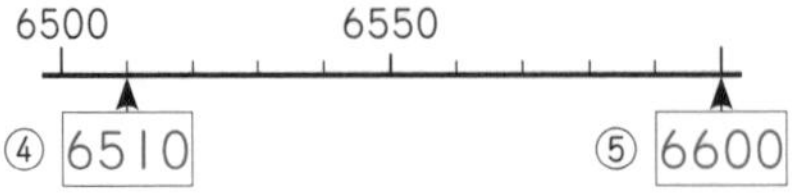

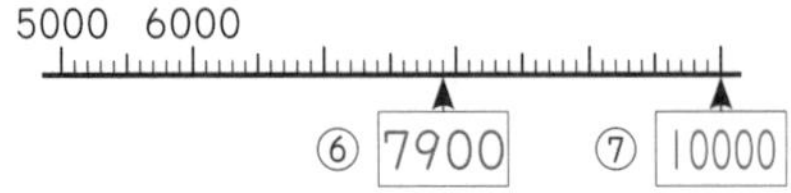

55 かんじ 読み ①さと ②ばんぐみ
③あ ④めい ⑤け
書き ①谷 ②家 ③道、帰 ④交
⑤合同 ⑥知、合
計算 ① ＞ ② ＞ ③ ＜ ④ ＜
⑤ ＞ ⑥ ＜ ⑦ ＜ ⑧ ＜ ⑨ ＞
⑩ ＞ ⑪ ＜

56 かんじ 読み ①よる ②ほそなが
③ちょっかく、かくけい（かっけい）
④しんせつ ⑤きせん
書き ①黄色 ②近 ③教、鳴
④弟、心 ⑤活 ⑥作家
計算 ① 1200 ② 1100
③ 1400 ④ 1300 ⑤ 1100
⑥ 1300 ⑦ 1200 ⑧ 1600
⑨ 1700 ⑩ 1500 ⑪ 1400
⑫ 1800

57 かんじ 読み ①とり、な
②こころ、からだ ③ちょうしょく
④たしょう ⑤はなし、き
書き ①会社 ②海魚 ③地 ④才
⑤春 ⑥野原、風
計算 ① 1、25 ② 600 ③ 5
④ 180 ⑤ 4、5
⑥ 3m30cm ⑦ 6m50cm
⑧ 5m40cm

58 かんじ 読み ①と ②あたら
③こう、ひろ ④ばいてん、ちゃ、か
⑤こめ、むぎ
書き ①丸、形 ②外国語 ③矢
④馬 ⑤雪 ⑥今週
計算 ① 8cm2mm ② 3cm5mm
③ 1cm4mm ④ 5cm6mm
⑤ 1cm2mm ⑥ 8cm
⑦ 5m10cm ⑧ 4m20cm
⑨ 3m70cm ⑩ 10m90cm

59 かんじ 読み ①とうざいなんぼく
②とけい ③なんまん ④ようし
⑤きょうだい
書き ①教室 ②星 ③肉食 ④公園
⑤雲 ⑥理科
計算 ① $\frac{1}{2}$ ② $\frac{1}{4}$ ③ $\frac{1}{4}$ ④ $\frac{1}{8}$
⑤ $\frac{1}{8}$